各種手続きのスケジュール

死亡 ▶ 14日以内 ▶ 1～4カ月以内

死亡届・保険・年金等

- 死亡診断書を受け取る ▼P.18
- 死亡届を提出する ▼P.24
- ❶「死亡届」（7日以内）
- ❷「埋火葬許可申請書」（7日以内）
- 年金に関する手続き ▼P.32
- ❸「年金受給権者死亡届」（10日以内）
- ❹「未支給年金請求書」（10日以内）
- 世帯主変更の手続き ▼P.62
- ❺「世帯主変更届（住民異動届）」（14日以内）
- 児童扶養手当に関する手続き ▼P.64
- ❻「児童扶養手当認定請求書」（14日以内）
- 返却・退会の各種手続き ▼P.81
- 個人事業の開業・廃業等の手続き ▼P.158
- ❼「個人事業の開業・廃業等届出書」（1カ月以内）
- 被相続人の準確定申告の手続き ▼P.74
- ❽「所得税及び復興特別所得税の確定申告書」（4カ月以内）
- の確定申告書付表」（4カ月以内）

遺産相続

- 相続開始
- 遺言書の有無を確認
- 自筆の遺言書があったら家庭裁判所へ検認の手続き ▼P.
- ❶「遺言書検認申立書」（すみやかに）
- 相続人を確定する ▼P.98
- 相続の方法を検討する ▼P.123
- 故人に借金があったら遺産を調査・確認し、リストアップする
- ❷「特別代理人選任申立書」（3カ月以内）
- ❸「相続放棄申述書」（3カ月以内）

葬儀・法要

- 臨終をむかえる ▼P.18
- 死亡を知らせる ▼P.19
- 通夜・葬儀の準備開始 ▼P.20
- 通夜・葬儀・告別式 ▼P.22
- あいさつ回り
- 七日の法要
- 香典返し
- 四十九日の法要
- 百か日の法要

提出書類のチェック表

	該当	書類名	提出期限	提出先
死亡後すぐ～14日以内	☐	❶死亡届	7日以内	役所
	☐	❷埋火葬許可申請書	7日以内	役所
	☐	❸年金受給権者死亡届	10日以内	役所、年金事務所
	☐	❹未支給年金請求書 ※「年金受給権者死亡届」と同時に提出	10日以内	役所、年金事務所
	☐	❺世帯主変更届（住民異動届）	14日以内	役所
	☐	❻児童扶養手当認定請求書	14日以内	役所
	☐	❶遺言書検認申立書	すみやかに	家庭裁判所
	☐	電話加入権等承継・改称届出書	すみやかに	NTT
1～4カ月以内	☐	❷個人事業の開業・廃業等届出書	1カ月以内	税務署
	☐	❷特別代理人選任申立書	3カ月以内	家庭裁判所
	☐	❸相続放棄申述書	3カ月以内	家庭裁判所
	☐	❹家事審判申立書（相続の限定承認）	3カ月以内	家庭裁判所
	☐	❽所得税及び復興特別所得税の確定申告書	4カ月以内	税務署
	☐	❾死亡した者の所得税及び復興特別所得税の 　確定申告書付表	4カ月以内	税務署
10カ月以内	☐	❺相続税の申告書	10カ月以内	税務署
	☐	❻相続税延納申請書	10カ月以内	税務署
	☐	❼相続税物納申請書	10カ月以内	税務署
2年以内	☐	❿高額療養費支給申請書	2年以内	役所、年金事務所、健康
	☐	⓫国民年金死亡一時金請求書	2年以内	役所、年金事務所
	☐	⓬国民健康保険葬祭費支給申請書	2年以内	役所
	☐	⓭健康保険埋葬料（費）支給申請書	2年以内	年金事務所、健康保険組
5年以内	☐	国民年金遺族基礎年金請求書	5年以内	役所
	☐	国民年金寡婦年金請求書	5年以内	役所
	☐	国民年金・厚生年金保険 遺族給付請求書	5年以内	年金事務所
	☐	遺族（補償）年金支給請求書	5年以内	労働基準監督署
期限のないもの・そのほか	☐	健康保険・ 厚生年金保険資格取得・資格喪失等確認請求書	なし	年金事務所
	☐	復氏届	なし	役所
	☐	姻族関係終了届	なし	役所
	☐	子の氏の変更許可申立書	なし	家庭裁判所
	☐	改葬許可申請書	なし	役所
	☐	家事審判申立書（失踪宣告）	なし	家庭裁判所
	☐	遺産分割協議書	なし	申請内容によって異な
	☐	遺産分割調停申立書	なし	家庭裁判所
	☐	法定相続情報一覧図の保管及び交付の申出書	なし	法務局
	☐	株式名義書換請求書	なし	証券会社など
	☐	（ゆうちょ銀行の）貯金等照会書	なし	ゆうちょ銀行
	☐	（ゆうちょ銀行の）相続確認表・相続貯金等記入票	なし	ゆうちょ銀行
	☐	登記申請書	なし	法務局
	☐	固定資産評価証明書交付申請書	なし	役所（東京は都税事務所
	☐	移転登録申請書	なし	運輸支局、自動車検査
	☐	所得税の青色申告承認申請書	その事業開始等の 日から2カ月以内	税務署

※番号のついているものは書類で、「提出書類のチェック表」（裏面）に対応しています。

10カ月以内	2年以内	3年以内

❾「死亡した者の所得税及び復興特別所得税

❿「高額療養費支給申請書」（2年以内）

高額な医療費の払い戻しの請求手続き ▼P.56

⓫「国民年金死亡一時金請求書」（2年以内）
死亡一時金に関する手続き ▼P.50

⓬「国民健康保険葬祭費支給申請書」（2年以内）
葬儀費用の補助金の受給手続き ▼P.58

⓭「健康保険埋葬料（費）支給申請書」（2年以内）

生命保険の支払い請求手続き ▼P.162

❹「家事審判申立書」（相続の限定承認）（3カ月以内）

遺産を評価し、金額化する ▼P.170
遺産分割協議を行う ▼P.130
相続遺産の名義変更の手続き ▼P.137
❺「相続税の申告書」（10カ月以内）
相続税の申告と納付の手続き ▼P.165
相続税の延納・物納の手続き ▼P.187,189
一括で納税できないときは
❻「相続税物納申請書」（10カ月以内）
❼「相続税延納申請書」（10カ月以内）

遺留分減殺請求をする（1年以内）▼P.120
遺言が不公平なときは

一周忌の法要

身近な人の葬儀と葬儀後の手続き届け出のすべて

税理士 **小関勝紀** ≪監修≫

Gakken

40年ぶりの民法改正
相続に関する法律は
どこが見直されたのでしょうか

高齢化や時代の流れにともない、相続や遺言をめぐり、これまでの法律ではカバーしきれない問題も増えていました。そこで、相続トラブルを防ぎ、手続きがスムーズに行われることを目的として法律が改正されました。旧制度と新制度を比較して変更になったポイントを見てみましょう。くわしくは p.92 から説明しています。

POINT 1

「配偶者居住権」により、残された配偶者の生活が守られる

旧 配偶者が資産価値の大きい自宅を相続すると、預金など他の財産が受け取れなくなることがあった。

↓【施行日】2020年4月1日～

新 配偶者は最低6カ月の短期の居住権、または終身にわたる長期の居住権を取得できます。また、自宅に無償で住みながら、預貯金などが従来よりも多く相続できるようになります。

POINT 2

婚姻20年以上の夫婦間なら自宅を遺産分割の対象外にできる

旧 生前に贈与されたものは、原則として遺産の先渡しとみなされ、遺産分割のときに他の相続人と分けなければならなかった。

↓【施行日】2020年4月1日～

新 婚姻期間が 20 年以上ある夫婦間で、一方の配偶者に自宅を生前贈与または遺言に譲ることが明記されていたときは、配偶者が、その分より多くの財産をもらえるようになります。

POINT 3

故人の銀行口座が凍結されても葬儀費用などにあてるお金が引き出せる

旧 亡くなった人の預金口座は、遺産分割が終了するまで引き出しができなかった。

↓【施行日】2019 年7月1日～

新 遺産分割前でも限度額の範囲であれば、他の相続人の同意なしに、1人の相続人が単独で預貯金の一部を引き出せるようになります。

POINT 4

自筆証書遺言にパソコンなどで作成した財産目録や通帳のコピーを添付できる

旧 自筆証書遺言は全文を遺言者が自分で手書きしなければならなかった。

⬇ 【施行日】2019年1月13日〜

新 遺言書自体は手書きしなければなりませんが、財産目録についてはパソコンで作成できるようになりました。また、預金通帳のコピーや不動産の登記簿謄本を目録として添付することもできます。

POINT 5

自筆証書遺言を法務局（遺言書保管所）で保管してもらえるようになる

旧 自筆証書遺言は、ほとんどが自宅で保管され、紛失や改ざんのリスクが高く、開封するには家庭裁判所の検認が必要だった。

⬇ 【施行日】2019年7月10日〜

新 自筆証書遺言を法務大臣が指定した法務局（遺言書保管所）で保管してもらうことができ、開封する際も、家庭裁判所の検認が不要になりました。また、相続人が遺言者の死後に、遺言書が保管されているかどうか問い合わせることが可能になります。

POINT 6

故人の療養看護を行った親族は相続人以外でも財産を分けてもらう権利ができた

旧 法定相続人以外の親族は、被相続人の介護などを行っても財産を分けてもらう権利はなかった。

⬇ 【施行日】2019年7月1日〜

新 相続人以外の親族が、被相続人に対して無償で療養看護などを行っていた場合、その親族は、各相続人に対して金銭（特別寄与料）を請求することができるようになります。

POINT 7

最低限度の財産保証（遺留分）の請求に対する支払いは金銭のみで支払う

旧 現物の分割が原則であったため、不動産等が共有関係になりトラブルが起こることもあった。

⬇ 【施行日】2019年7月1日〜

新 遺留分を請求されたときは、不動産等の現物を返還して分けるのではなく、相当額を金銭で支払うことになります。

はじめに

　本書では、人が亡くなったあとに発生する、さまざまな手続きや、提出を求められる書類を紹介・解説しています。PART 1 は「死亡手続き編」、PART 2 は「遺産・相続編」とし、大きく2つに分けて紹介しています。手続きの内容やポイントに加え、具体的な書類の記入例も紹介していますので、どうぞご参考に。必要な書類は、人や状況によって変わりますので、該当するものはどれか「提出書類のチェック表」も使って確認してみてください。

　身近な人が亡くなった悲しみと、葬儀や法要などが慌ただしいなか、書類の手続きをするのは大変なことです。周りの人にも協力してもらいましょう。本書をご覧いただき、少しでもスムーズに手続きを進めていただければ幸いです。

本書の注意点

- ・各市区町村や配布機関などによって、書類の体裁が異なる場合があります。
- ・提出書類は市区町村や書類提出者（遺族等）の状況などによって変わります。折込みシートの「提出書類のチェック表」では、一般的なものを掲載しました。
- ・「戸籍謄本」、「戸籍抄本」は、正式には戸籍の「全部事項証明書」、戸籍の「個人事項証明書」といいますが、本書では基本的には「戸籍謄本」「戸籍抄本」と記します。

CONTENTS　目次

『新装版　身近な人の葬儀と葬儀後の手続き・届け出のすべて』

PART1　死亡手続き編

1章　亡くなって2週間以内に行う手続き

2章　年金と健康保険の手続き

3章　必要に応じて行う手続き

PART2　遺産・相続編

1章　遺産相続の基礎知識

2章　遺言と遺産分割

章 遺産の名義変更

4章 相続税の申告と納付

本書では、相続や法律、法要などに関する用語や書類名がたくさん登場します。
ここでは、そんな普段は聞きなれない用語を並べ、知りたい情報を探しやすいようにまとめました。
手続きの種類別、提出先別、書類別、用語別に分類し、
用途によって知りたい言葉を引けるようにしていますのでご活用ください。

手続きの種類別で探す
本書で掲載・解説している書類名を、その書類の用途別に並べました。

請求する手続き
遺族（補償）年金支給請求書 73
遺留分減殺請求書 122
健康保険埋葬料（費）支給申請書 60
高額療養費支給申請書 57
国民健康保険葬祭費支給申請書 59
国民年金遺族基礎年金請求書 .... 45 ～ 47
国民年金寡婦年金請求書 49
国民年金・厚生年金保険遺族給付請求書 ... 54 ～ 55
国民年金死亡一時金請求書 51
児童扶養手当認定請求書 65
未支給年金請求書 34

喪失する手続き
健康保険・厚生年金保険資格取得・
　資格喪失等確認請求書 31
年金受給権者死亡届 33

必要に応じて行う手続き
姻族関係終了届 69
世帯主変更届（住民異動届） 63
所得税の青色申告承認申請書 160
改葬許可申請書 85
子の氏の変更許可申立書 71
復氏届 67

必ず行う手続き
死亡届 26
埋火葬許可申請書 27

相続の手続き
遺産が未分割であることについてやむを得ない事由が
　ある旨の承認申請書 186
遺産分割協議書 133
遺産分割調停申立書 .... 135 ～ 136
家事審判申立書（相続の限定承認） .... 126 ～ 127
家事審判申立書（失踪宣告） 107
財産目録 171
死亡した者の所得税及び復興特別所得税の
　確定申告書付表 77
所得税及び復興特別所得税の確定申告書A ..... 75 ～ 76
申告期限後3年以内の分割見込書 185
相続税延納申請書 188
相続税の申告書 .... 178~184
相続税物納申請書 190
相続放棄申述書 125
特別代理人選任申立書 109
法定相続情報一覧図の保管及び交付の申出書 142
遺言書検認申立書 .... 118 ～ 119

名義変更の手続き
移転登録申請書 157
株式名義書換請求書 152
個人事業の開業・廃業等届出書 159
固定資産評価証明書交付申請書 155
（ゆうちょ銀行の）貯金等照会書 147
（ゆうちょ銀行の）相続確認表 148
（ゆうちょ銀行の）相続貯金等記入票 149
電話加入権等承継・改称届出書 .... 79 ～ 80
登記申請書 154

提出先別に探す

本書で掲載・解説している書類名を、書類を提出する機関別に並べました。

書類名別に探す

本書で掲載・解説している書類名を、五十音別に並べました。

用語別に探す

本書に登場する用語を五十音順に並べています。
たくさん出てくる用語は、くわしく解説しているページを記載しています。

死亡手続き編

1 章 亡くなって
2 週間以内に
行う手続き

　まずはいざというときにあわてないよう、危篤・臨終から、葬儀・告別式までの流れをおさえ、その後、遺族がやるべき書類の提出についてまとめています。

　書類の手続きは期限のあるものから着実に進めましょう。手続きに必要な書類はまとめて取得しましょう（▶ p.28）。

〈書類の書き方〉

☐「死亡届」▶ P.26

☐「埋火葬許可申請書」▶ P.27

☐「健康保険・厚生年金保険資格取得・資格喪失等確認請求書」▶ P.31

☐「年金受給権者死亡届」▶ P.33

☐「未支給年金請求書」▶ P.34

身近な人を亡くしたあとは、悲しみのなかで、さまざまな手続きを行う必要が出てきます。精神的に不安定ななかで、どのように手続きを進めたらいいのかわからず、戸惑う方も多くいることでしょう。ここでは、ご遺族の方々が、少しでもストレスがなく、スムーズに行えるようにまとめました。

2章　年金と健康保険の手続き

　受け取れる遺族年金は、諸々の条件によって異なります（▶ p.38）。ケーススタディも参考にしてください。健康保険では、故人が高額な医療費を払い、1カ月の自己負担額の上限を超えていた場合には払い戻せます。また、申請することで「葬祭費」「埋葬費」が一部支払われます。

〈書類の書き方〉
- □ 「国民年金遺族基礎年金請求書」 ▶ P.45
- □ 「国民年金寡婦年金請求書」 ▶ P.49
- □ 「国民年金死亡一時金請求書」 ▶ P.51
- □ 「国民年金・厚生年金保険遺族給付請求書」 ▶ P.54
- □ 「高額療養費支給申請書」 ▶ P.57
- □ 「国民健康保険葬祭費支給申請書」 ▶ P.59
- □ 「健康保険埋葬料（費）支給申請書」 ▶ P.60

3章　必要に応じて行う手続き

　必要に応じて行う手続きをまとめました。期限がないものもありますが、「世帯主変更届」「児童扶養手当認定請求書」は、14日以内に提出しなくてはいけません。故人に代わって確定申告をする（準確定申告という）場合は、相続開始から4カ月以内に行いましょう。

〈書類の書き方〉
- □ 「世帯主変更届」 ▶ P.63
- □ 「児童扶養手当認定請求書」 ▶ P.65
- □ 「復氏届」 ▶ P.67
- □ 「姻族関係終了届」 ▶ P.69
- □ 「子の氏の変更許可申立書」 ▶ P.71
- □ 「遺族（補償）年金支給請求書」 ▶ P.73
- □ 「所得税及び復興特別所得税の確定申告書A」 ▶ P.75
- □ 「死亡した者の所得税及び復興特別所得税の確定申告書付表」 ▶ P.77
- □ 「電話加入権等承継・改称届出書」 ▶ P.79
- □ 「改葬許可申請書」 ▶ P.85

使用頻度の高い主な書類

各種手続きに必要になる書類を一覧としてまとめました。
内容、金額、請求先なども参考にしてください。
住民票と戸籍の「全部事項証明書」は必要に応じて複数取得しておくとよいでしょう（▶ p.28）。

書類名	内容	金額の目安	請求先など
住民票	現在住んでいる場所を証明するもの	300 円前後	住所地の市区町村の役所、またはインターネットサイトから請求可能　※郵送でも請求可能
戸籍の「全部事項証明書」（戸籍謄本）	戸籍原本に記載されている全員の身分関係を証明するもの	450 円前後	本籍地の市区町村の役所　　　※郵送でも請求可能
戸籍の「個人事項証明書」（戸籍抄本）	戸籍原本の一部（指定した人）だけを写したもの	450 円前後	本籍地の市区町村の役所　　　※郵送でも請求可能
除籍の「全部事項証明書」（除籍謄本）	戸籍から除かれた人の全員が除籍簿として保管されているもの	750 円前後	本籍地の市区町村の役所　　　※郵送でも請求可能
除籍の「個人事項証明書」（除籍抄本）	除籍原本から指定した人だけを写したもの	750 円前後	本籍地の市区町村の役所　　　※郵送でも請求可能
印鑑登録証明書	登録印が実印であることを証明するもの	300 円前後	登録している市区町村（住民登録地）の役所
マイナンバーを確認できる書類	マイナンバーカード、または通知カードの写し、または住民票の写し（マイナンバーの記載があるものに限る）	―	―
年金手帳	公的年金の加入者に交付される、年金に関する情報が記載された手帳	―	―
健康保険証	健康保険の加入を証明するもの	―	―
預金通帳（口座番号）	金融機関の預金者であることを示す冊子。銀行名称、店舗名、口座番号、口座名義などが記載されている	―	―

※書類をまとめて取得する際は、書類の有効期限を確認しましょう。　※名義変更に必要な書類は P.138 で説明します。
※現在は、正式には戸籍の「全部事項証明書」、戸籍の「個人事項証明書」、除籍の「全部事項証明書」、除籍の「個人事項証明書」と呼ばれていますが、本書では、主に、戸籍謄本、戸籍抄本、除籍謄本、除籍抄本という表記で掲載します。戸籍については p.29で説明します。

1 章

亡くなって
2週間以内に
行う手続き

臨終をむかえたあと
通夜・葬儀までにやること

知っておきたい
Key Word

▶ 身内の危篤は3親等（本人から3世隔てる親族）を目安に連絡します。
▶ 菩提寺（一家が代々帰依して葬式・追善供養を営む寺）がある場合は
菩提寺と葬儀の日程の打ち合わせをします。

■ 危篤の連絡は
■ 電話で行うのが確実

　家族が危篤になったら、親戚や菩提寺、知人へ連絡します。親戚は**3親等**が目安となりますが、3親等以内でも日頃疎遠な人は、知らせることで相手の負担になってしまう場合もあるため、知らせるかどうか家族内で検討してから連絡します。逆に兄弟姉妹は、疎遠な関係でも知らせるべきです。

　危篤の知らせは、早朝や深夜といった通常は電話をするのが非常識な時間帯でも許されます。危篤の事実のみを知らせ、通夜や葬儀に来てくれるかどうかの確認はしないのがマナーです。

■ 臨終を告げられたら
■ 末期の水を取る

　息をひきとったら、その場にいる人が順番に、脱脂綿で故人の唇に水を含ませ「末期の水（死に水）」を取ります。病院の場合は臨終に立ち会った医師に、自宅の場合は死亡を確認した医師に「**死亡診断書**」を作成してもらいます。遺体をきれいにする清拭は、病院では看護師さんなどが行ってくれます。

臨終から遺体安置までの流れ

① 臨終をむかえる

② 末期の水を取る

③ 医師から死亡診断書を受け取る

④ 遺体の清拭

⑤ 病院の霊安室で遺体を一時安置

⑥ 遺体の搬送

⑦ 自宅か葬儀場へ遺体を安置する

末期の水を取る順番

配偶者→子→故人の両親→故人の兄弟姉妹→子どもの配偶者→孫→友人というように、故人との関係が深い人から行いましょう。

直後 死亡手続き

死亡手続き 年金・健康保険

必要に応じた手続き

遺産・相続 基礎

遺産・相続 遺言・分割

遺産・相続 名義変更

遺産・相続 申告・納付

臨終後の連絡や 葬儀の打ち合わせなどをする

臨終後は、気が動転しがちですが、やることがたくさんあります。家族で協力して葬儀までの段取りをつけましょう。

臨終後の連絡は①すぐ来てほしい親族と、②通夜や葬儀に来てほしい知人に分けます。

①は臨終後すぐに連絡を入れますが、②は葬儀の日程が正式に決まってからの連絡でかまいません。

葬儀の日程は、菩提寺がある場合は、菩提寺と打ち合わせをします。菩提寺がない場合は、親戚や葬儀社に紹介してもらうといいでしょう。

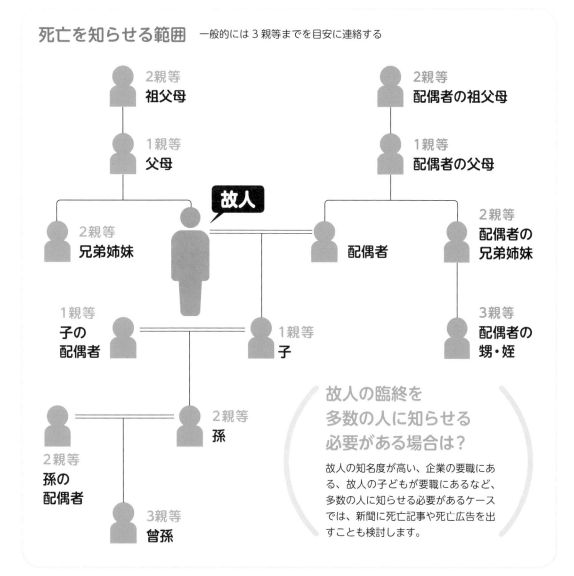

死亡を知らせる範囲　一般的には3親等までを目安に連絡する

2親等 祖父母

2親等 配偶者の祖父母

1親等 父母

1親等 配偶者の父母

故人

2親等 兄弟姉妹

配偶者

2親等 配偶者の兄弟姉妹

1親等 子の配偶者

1親等 子

3親等 配偶者の甥・姪

2親等 孫

2親等 孫の配偶者

3親等 曾孫

故人の臨終を多数の人に知らせる必要がある場合は？

故人の知名度が高い、企業の要職にある、故人の子どもが要職にあるなど、多数の人に知らせる必要があるケースでは、新聞に死亡記事や死亡広告を出すことも検討します。

僧侶や葬儀社と相談して
通夜・葬儀の準備を進めましょう

▶ **喪主**は、遺族を代表する葬儀の主催者です。通夜までに決めましょう。

▶ 通夜・葬儀の全体を把握する**世話役代表**を決めておくと、滞りなく行えます。

■ 喪主と世話役を決め
葬儀社と具体的な内容を相談

葬儀に際し、まず喪主を決めます。**喪主は、配偶者や子どもなど故人と最も関係が深い人が務めるのが一般的**です。葬儀の通知状は喪主の名前で出すため、通夜までに決めます。

喪主や遺族は僧侶や弔問客への対応で忙しいので、葬儀の実務は、世話役（会計係、進行係、受付・携帯品係など）が行います。通夜・葬儀の全体を把握する**世話役代表**を決めておくと滞りなく行えます。

世話役は故人の友人、兄弟姉妹、配偶者の兄弟姉妹、子どもの友人などが務めることが多いですが、金銭を扱う係以外は、葬儀社にお願いすることもできます。

ミニ情報

遺影、喪服など
通夜までに用意するもの

「遺影」は葬儀社からいつまでにと求められるので、それまでに写真を用意します。また自分や子どもの「喪服」や、謝礼や関係者への車代などが渡せるように少し多めに「現金」を用意したほうが安心です。

また、火葬のあとは、遺骨とともに後飾りを自宅に迎えることになるので、1畳ほどのスペースが必要です。場所を用意しておきましょう。

喪主、世話役の役割

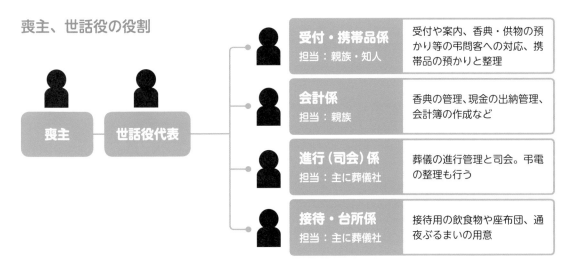

喪主 — 世話役代表		
	受付・携帯品係 担当：親族・知人	受付や案内、香典・供物の預かり等の弔問客への対応、携帯品の預かりと整理
	会計係 担当：親族	香典の管理、現金の出納管理、会計簿の作成など
	進行（司会）係 担当：主に葬儀社	葬儀の進行管理と司会。弔電の整理も行う
	接待・台所係 担当：主に葬儀社	接待用の飲食物や座布団、通夜ぶるまいの用意

通夜や葬儀の時間帯は
だいたい決められている

　僧侶（故人の宗教によっては神職、神父、牧師）や葬儀社と相談して、通夜・葬儀の日時と場所を決めます。法律によって24時間は火葬できない（感染症など特別な場合は除く）ため、死亡してから初七日までの間に納棺、その夜（午後6～9時頃）に通夜、翌日の日中（午前9～午後3時頃）に葬儀・告別式を行うのが一般的です。死亡した翌日に通夜を行う場合は、近親者だけで仮通夜を行い、翌々日の夜に本通夜を行います。

　葬儀社には弔問客の予想人数、予算などを伝え、プランと見積もりを出してもらいます。その際、セットに含まれるものと別料金になるものの確認を忘れないようにしましょう。

葬儀社に依頼できること	
進行・管理	日程の管理など、通夜・葬儀・告別式のプランニングと進行管理／通夜・告別式での司会進行事務
事務	死亡届等の役所への届け出や手続きの代行
準備・手配	病院、または自宅から斎場への遺体搬送／遺影の引き伸ばし／遺体安置のためのドライアイスや枕飾りの手配／納棺手配／式場の設営と後片付け／祭壇の設営と後片付け／会葬礼状・返礼品・弁当などの発注／供花・供物・花輪の準備と飾りつけ／香典返しの手配／喪服の貸出／貸しふとんの手配／骨壺の準備／死亡広告の手配／火葬場の手配／看板・道案内板の準備／霊柩車・マイクロバス・ハイヤーの手配／初七日法要の設営や準備
紹介	斎場の紹介／寺院の紹介／僧侶・神官・神父の紹介／仏壇・墓所の紹介
その他	写真・ビデオ／楽器演奏／警備員の手配

死亡手続き
直後

死亡手続き
年金・健康保険

死亡手続き
必要に応じた手続き

遺産・相続
基礎

遺産・相続
遺言・分割

遺産・相続
名義変更

遺産・相続
申告・納付

通夜・葬儀・告別式の
当日のスケジュールを確認しましょう

▶ **通夜**とは本来、遺族が死者の枕元に集まり一夜を明かすものです。
▶ **葬儀**とは故人をあの世へ送る儀式で遺族や近親者が営むものです。
▶ **告別式**とは、友人・知人が故人とお別れする場です。

■ 通夜から精進落としまで
■ 2日かけて故人を送る

通夜とは本来、遺族が死者の枕元に集まり一夜を明かすものですが、最近は午後6〜7時頃から2時間程度行う**半通夜**が多くなっています。

葬儀とは故人をあの世へ送る儀式で、遺族や近親者が営むもの。**告別式**は友人・知人が故人とお別れする場。正式には、この2つは別のものですが、最近は同時に行うことがほとんどです。葬儀後、僧侶が一度退場し、告別式で再び入場する場合と、2つを併せて行う場合があります。

通夜や葬儀では、喪主をはじめとする遺族は、弔問客と葬儀関係者への対応が必要です。式の流れを把握し、場に応じたふるまいができるよう心づもりしておくとよいでしょう。

一般的な通夜の流れ

僧侶による読経、焼香のあと、喪主、遺族、近親者、弔問客の順で焼香します。僧侶が退席したら、喪主は参列のお礼、死去の報告、生前の故人への厚誼に対する感謝、通夜ぶるまいの席への誘い、翌日の葬儀・告別式の案内を述べます。

「通夜」進行の一例

① 僧侶が到着

② 受付開始

③ 一同着席

④ 僧侶入場のあと、読経

⑤ 遺族・弔問客の焼香

⑥ 僧侶による法話

⑦ 喪主あいさつ

⑧ 通夜ぶるまい※

※通夜ぶるまいとは、通夜の儀式のあとにお酒や食事で弔問客や僧侶をもてなす席のことです。僧侶が辞退したときは、お布施とは別に御膳料を渡しましょう。

葬儀と告別式の流れを把握する

　葬儀では一同が着席後、僧侶が入場し、開会の辞のあと読経が始まります。僧侶の焼香後、喪主、遺族、親族、弔問客の順で焼香します。

　その後、僧侶が退場したら、最後の対面を行い、火葬場に移動します。火葬場から戻ったら、遺骨を迎える儀式（還骨法要）として僧侶が読経し、近親者が焼香します。このとき、初七日法要を併せて行うこともあるようです。その後、精進落としの宴席を設けます。会食の間、喪主や遺族は、お世話になった人にお礼を言って回りましょう。

ミニ情報

御膳料と心づけ

　精進落としに僧侶が参加しない場合は、「御膳料」（1万円程度が目安）を渡します。
　また、葬儀関係者（運転手や火葬場の係員など）には、正規料金以外に心づけが必要なことも。いつ誰に渡せばいいかわかりづらいため、葬儀社に相談しましょう。

「葬儀・告別式」進行の一例

① 一同着席、僧侶入場

② 葬儀開会の辞

③ 読経

④ 弔辞・弔電の披露

⑤ 遺族・弔問客の焼香

⑥ 僧侶退場、閉会の辞

⑦ 僧侶、再び入場

⑧ 告別式開会の辞

⑨ 弔問客の焼香

⑩ 僧侶退場

⑪ お別れの儀

⑫ 司会者による閉会の辞

死亡手続き 直後

死亡手続き 年金・健康保険

死亡手続き 必要に応じた手続き

遺産・相続 基礎

遺産・相続 遺言・分割

遺産・相続 名義変更

遺産・相続 申告・納付

死後、一番最初に行う手続きは「死亡届」と「埋火葬許可申請書」

▶ まず遺族がやらなくてはいけないことが「死亡届」の提出です。
▶ 「死亡届」と「死亡診断書」はセットになっています。
▶ 同時に「埋火葬許可申請書」も提出します。

火葬や埋葬を行うには死亡届を出すことが必要

家族や同居人など身近な人が亡くなったとき、**遺族が最初に行う手続きが「死亡届」の提出**です。この書類を提出することで、故人の戸籍が抹消され、火葬や埋葬の許可を得ることができます。

「死亡届」の提出期限は、亡くなったことを知ってから7日以内ですが、死亡当日か翌日に届け出るのが一般的です。まずは、臨終に立ち会った医師、**死亡を確認した医師から「死亡診断書」を受け取ります。**その用紙の左側が「死亡届」になっています。必要事項を記入して役所に提出します。

届け出先は故人か届け出人の住所地か、故人の本籍地にある市区町村の役所です。葬儀社などの代行業者が行う場合は、届け出人と代行者の印鑑も必要です。

死亡届	
届け出人	遺族
届け出先	市区町村の役所
期限	亡くなってから7日以内
持ち物	□印鑑

書き方▶ p.26

「死亡診断書」は提出前にコピーをとっておくとよい

「死亡届」とセットになっている「死亡診断書」は、生命保険の支払い申請など、あとから必要になることもあるので、提出前にコピーをとっておくと安心です。ただし、コピーでの申請が認められない場合、「死亡診断書記載事項証明書」を取得しなくてはなりません。これは「死亡診断書の正式な写し」です。死後1カ月以内なら最寄りの役所で、以降は法務局（登記所）での発行となります。

埋火葬許可申請書	
届け出人	死亡届の届け出をした人
届け出先	死亡届を出した役所
期限	7日以内
持ち物	□印鑑

書き方▶ p.27

死亡届の提出と同時に火葬・埋葬の許可証を申請する

死亡届を提出する際は、「埋火葬許可申請書」（▶p.27）も併せて提出し、役所から「火葬許可証」を受け取ります。これがないと、火葬場で受け付けてもらえません。火葬後、その場で「埋葬許可証」を受け取り、納骨の際、墓地に提出します。分骨が決まっている場合は、あらかじめ「分骨証明書」も火葬場に依頼しておくといいでしょう。

死亡から埋葬許可までの流れ

① 医師に死亡診断書を書いてもらう

⬇

② 「死亡届」と「埋火葬許可申請書」を提出

⬇

③ 「火葬許可証」が発行される

⬇

④ 火葬場に「火葬許可証」を提出する

⬇

⑤ 火葬場から「埋葬許可証」を受け取る

⬇

⑥ 墓地に「埋葬許可証」を提出する

②〜④は
葬儀社が代行する
ケースが多い

遺骨の箱に
入れて渡される
ケースが多い

死亡手続き
直後

死亡手続き
年金・健康保険

死亡手続き
必要に応じた手続き

遺産・相続
基礎

遺産・相続
遺言・分割

遺産・相続
名義変更

遺産・相続
申告・納付

死亡ケース別の諸手続き

● 自宅で亡くなった場合

遺体に手を触れず、かかりつけの医師に連絡。死亡を確認してもらったうえで「死亡診断書」の作成を依頼します。

● 事故死の場合

警察に連絡し、監察医による検死が行われたあと、死亡診断書の代わりに「死体検案書」が交付されます。

● 旅行先（国内）で亡くなった場合

現地の医師に「死亡診断書」をもらい、現地の市区町村の役所に「死亡届」を提出します。

その後、本籍地の役所にも提出するため、書類は計2通必要です。

● 海外で亡くなった場合

現地の医師に「死亡診断書」をもらい、日本大使館、公使館、領事館に3カ月以内に提出します。旅行の場合は旅行代理店や保険会社、在外公館に相談を。

● 死産、流産の場合

医師もしくは助産師に「死産証書」をもらい、「死産届」を提出します。妊娠12週以降の流産も同様です。

死亡届（記入例）

➡「死亡届」の右側は医師が記入する「死亡診断書」になっています。

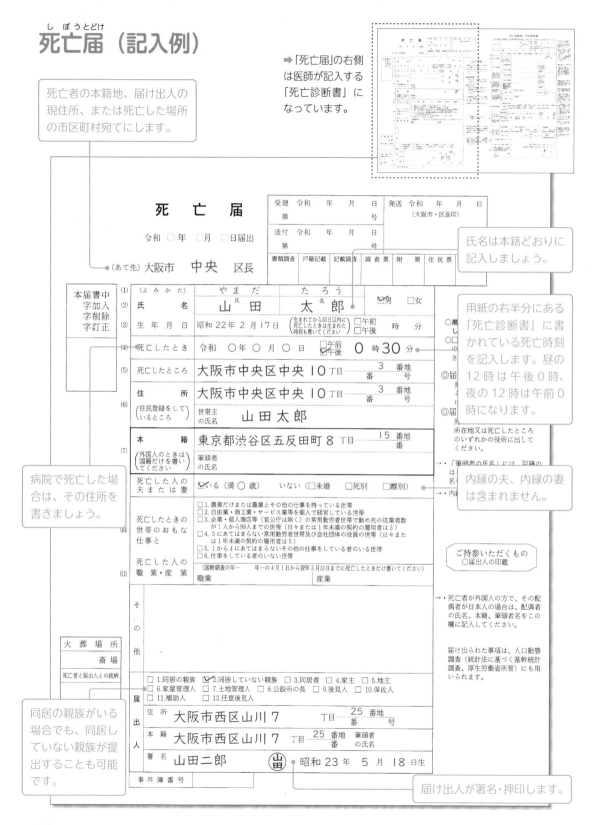

死亡者の本籍地、届け出人の現住所、または死亡した場所の市区町村宛てにします。

死亡届

令和 ○年 ○月 ○日届出

（あて先）大阪市 中央 区長

受理 令和　年　月　日		発送 令和　年　月　日
第　　　号		（大阪市・区長印）
送付 令和　年　月　日		
第　　　号		
書類調査	戸籍記載	記載調査	調査票	附票	住民票

本届書中 字加入 字削除 字訂正

(1) （よみかた）やまだ たろう

(2) 氏　名　山田 太郎　☑男 □女

(3) 生年月日　昭和22年2月17日（生まれてから30日以内に死亡したとき生まれた時刻も書いてください）□午前 □午後　時　分

(4) 死亡したとき　令和 ○年 ○月 ○日 □午前 ☑午後 0時30分

(5) 死亡したところ　大阪市中央区中央10丁目 3番地 番 号

(6) 住所（住民登録をしているところ）　大阪市中央区中央10丁目 3番地 番 号
世帯主の氏名　山田太郎

(7) 本籍（外国人のときは国籍だけを書いてください）　東京都渋谷区五反田町8丁目 15番地 番
筆頭者の氏名

死亡した人の夫または妻　☑いる（満○歳）　いない（□未婚 □死別 □離別）

(10) 死亡したときの世帯のおもな仕事と
□1. 農業だけまたは農業とその他の仕事を持っている世帯
□2. 自由業・商工業・サービス業等を個人で経営している世帯
□3. 企業・個人商店等（官公庁は除く）の常用勤労者世帯で勤め先の従業者数が1人から99人までの世帯（日々または1年未満の契約の雇用者は5）
□4. 3にあてはまらない常用勤労者世帯及び会社団体の役員の世帯（日々または1年未満の契約の雇用者は5）
□5. 1から4にあてはまらないその他の仕事をしている者のいる世帯
□6. 仕事をしている者のいない世帯

(11) 死亡した人の職業・産業（国勢調査の年…　年…の4月1日から翌年3月31日までに死亡したときだけ書いてください）
職業　　　　産業

その他

火葬場所 斎場

死亡者と届出人との続柄

届出人
□1.同居の親族 ☑2.同居していない親族 □3.同居者 □4.家主 □5.地主
□6.家屋管理人 □7.土地管理人 □8.公設所の長 □9.後見人 □10.保佐人
□11.補助人 □12.任意後見人

住所　大阪市西区山川7丁目 25番地 番 号
本籍　大阪市西区山川7丁目 25番地 番 筆頭者の氏名
署名　山田二郎 ㊞ 昭和23年5月18日生

事件簿番号

氏名は本籍どおりに記入しましょう。

用紙の右半分にある「死亡診断書」に書かれている死亡時刻を記入します。昼の12時は午後0時、夜の12時は午前0時になります。

所在地又は死亡したところのいずれかの役所に出してください。

内縁の夫、内縁の妻は含まれません。

病院で死亡した場合は、その住所を書きましょう。

ご持参いただくもの
○届出人の印鑑

→ 死亡者が外国人の方で、その配偶者が日本人の場合は、配偶者の氏名、本籍、筆頭者名をこの欄に記入してください。

届け出られた事項は、人口動態調査（統計法に基づく基幹統計調査、厚生労働省所管）にも用いられます。

同居の親族がいる場合でも、同居していない親族が提出することも可能です。

届け出人が署名・押印します。

26

埋火葬許可申請書（記入例）

まい か そうきょ か しんせいしょ

※書類の呼び方は、各市町村によって異なります。

死亡手続き
直後

死亡手続き
年金・健康保険

死亡手続き
必要に応じた手続き

遺産・相続
基礎

遺産・相続
遺言・分割

遺産・相続
名義変更

遺産・相続
申告・納付

「死亡届」「死亡診断書」と同じところに提出します。

照合	担任	係長	課長

（体）

死体埋火葬許可申請書

令和 ○年 ○月 ○日

（あて先）中央 区長

本　籍　東京都渋谷区五反田町８丁目　15 番地

住　所　大阪市西区山川７丁目　25 番　号 番地

死亡者との続柄　弟　申請人　山田二郎　（山）

明大昭令　23 年　5 月　18 日生

次のとおり申請します。

| 本　籍 | | 番号 番地 |

| 住　所 | | 番　号 番地 |

死亡者氏名　山田太郎　明（昭）大平令　22 年　2 月　17 日生

性　別　（男）　女

死　因　「一類感染症等」　（「その他」）

死亡の年月日時　令和 ○年 ○月 ○日 午前（後）　0 時 30 分

死亡の場所　大阪市 中央 区中央　10 丁目　番　号 3 番地

埋葬又は火葬の場所　中央区○△斎場

「死亡届」「死亡診断書」と同様の記載にします。

法定伝染病以外は「その他」に○をつけましょう。

27

手続きに必要な書類は
まとめて取得しましょう

知っておきたい
Key Word
▶「住民票」、戸籍の「全部事項証明書（戸籍謄本）」はまとめて取得しましょう。
▶実印は前もって登録しておきましょう。「印鑑登録証明書」が必要になります。

「住民票」のほか「除住民票」もある

手続きに何通も必要になるのが「住民票」と戸籍の「全部事項証明書（戸籍謄本）」です。相続の手続きでは「印鑑登録証明書」も頻繁に必要になります。役所に何度も足を運ぶことにならないよう必要な枚数を最初に確認し、まとめて取得しておくとよいでしょう。

「住民票」とは、住所を証明するもので、年金の手続きや健康保険から葬式費用をもらうときなどに必要です。故人が住民票から抹消されたことを示す「除住民票」（除票とも呼ぶ）もあり、年金の手続きなどに使います。

申請の際には、世帯全員分のものか、一部の人だけのものでよいのかを選ぶ必要があるため、どちらが必要なのかを確認しておきましょう。年金の手続きでは、ほとんどの場合、全員分のものが必要です。また、マイナンバーの写しのないものにします。

多くの手続きに必要な「戸籍謄本」

戸籍とは、親族の関係が記してある公簿です。戸籍の写しが必要なときには、本籍地の役場に請求します。

右ページのように、戸籍の写しには、世帯全員の分を写した「謄本」と、特定の人だけのものを写した「抄本」があります。死後の手続きでは、年金の手続きから相続の手続きまで、故人との関係が証明される謄本の提出が必要になることがほとんどです。

故人名義の預貯金や株式などの口座の名義書換、保険金の請求などには、除籍の「全部事項証明書（除籍謄本）」（▶右ページ参照）、または、除籍の「個人事項証明書（除籍抄本）」が必要になる場合もあります。

「印鑑登録証明書」は実印の登録がないと発行されないので（▶右ページ参照）、注意しましょう。使用頻度の高い主な書類はp.16にまとめたので、参考にしてください。

こんなときは　遠方で書類を取りに行けない場合は？

諸手続きに必要な書類は、定額小為替を同封して郵送で申し込み可能なものもあります（定額小為替は郵便局で買うことができる）。戸籍謄本（抄本）、除籍謄本（抄本）、住民票、身分証明書、戸籍の附票などです。手続きは市区町村によって異なる場合があるため、ホームページや電話で詳細を確認しましょう。

戸籍について

　私たちが役所で請求できる戸籍は、戸籍原本の写し（コピー）です。原本は本籍地の役所で管理されていて、本人でも原本を入手することはできません。戸籍原本の写しは、写している内容によって謄本か抄本かに分かれます。

戸籍謄本	正式には戸籍の「全部事項証明書」といわれ、原本の内容のすべてを写している書面です。家族全員分の証明がほしい場合にはこちらを請求します。
戸籍抄本	正式には戸籍の「個人事項証明書」といわれ、原本の内容の一部のみを写している書面です。個人事項の写しなので、誰の写しがほしいかを指定して請求します。
除籍謄本（抄本）	戸籍に入っている人が、死亡や結婚などで、誰もいなくなったら、その戸籍は「除籍」と呼ばれる戸籍になります。除籍の「全部事項証明書（除籍謄本）」や、除籍の「個人事項証明書（除籍抄本）」は、相続の手続きで使います。
戸籍の附表	本籍地の市町村において戸籍の原本と一緒に保管している書類です。その戸籍が作られてから（またはその戸籍に入籍してから）現在に至るまで（またはその戸籍から除籍されるまで）の住所が記録されているものです。

※手数料は謄本も抄本も、どちらも同じなので、たとえば、父・母・子が同じ戸籍なら戸籍謄本1通で3人分の証明として使用できます。

●相続の手続きで必要になる戸籍

　相続の手続きでは、被相続人（故人）の出生から死亡までのすべての戸籍の証明が必要になります。それには、除籍謄本（または除籍抄本）のほかに、改製原戸籍※というものが含まれます。法改正により、戸籍の書き替えが行われる場合は、すべての内容をそのまま書き写すわけではないので（「死亡」「離婚」「転籍」などの理由による除籍の事項は省略される）、書き替え前の戸籍を提出する必要があるのです。

　また、1通では相続人全員を確認できないケースの場合は、結婚して戸籍が移った子どもの戸籍の謄本など、移った先の戸籍、いわゆる「連続した戸籍謄本」も必要になります。

※改製原戸籍とは…

　日本の戸籍は、戸籍法が改正されると様式などが変更され、書き替えが行われるのですが、書き替えをする前の戸籍のことを「改製原戸籍」「原戸籍」（はらこせきともいう）といいます。

　戸籍をコンピューター化するときに、元になった紙ベースで保管されていた戸籍のことも「改正原戸籍」というので、法改正での「改正原戸籍」と区別するために、コンピューター化のほうは「平成改製原戸籍（平成原戸籍）」とも呼ばれています。

死亡手続き直後

死亡手続き

年金・健康保険

死亡手続き

必要に応じた手続き

遺産・相続

基礎

遺産・相続

遺言・分割

遺産・相続

名義変更

遺産・相続

申告・納付

Column　実印は前もって登録しておく

　相続に関する手続きでは、市区町村が発行する「印鑑登録証明書」が必要です。

　事前に登録がなければ、どの印鑑も実印とは認められません。相続が始まってからあわてて申請するのではなく、早めに登録しておきましょう。登録をすませると、印鑑登録証（カード）を発行してもらえます。これを必要に応じて市区町村の役所に提示すれば、印鑑登録証明書を取得できます。

　特に高齢者は、本人が元気なときに登録し、カードを発行しておくとよいでしょう。体調をくずし、入院したり、歩行不可能になったりすると、代理人が手続きをすることになり、代理人が登録するとなると手続きが煩雑になるからです。

故人の健康保険証はすみやかに返納して
遺族の健康保険の変更手続きをしましょう

知っておきたい
Key Word

▶ 故人が**国民健康保険加入者**だった場合、特別な手続きは不要です。
▶ 故人が**健康保険・厚生年金保険加入者**だった場合は、すみやかに勤務先に連絡しましょう。

▍故人の資格を停止すると同時に 遺族の変更手続きを行う

　健康保険は、**国民健康保険**（以下、国保）**とそれ以外の健康保険**（勤務先の健康保険組合、共済組合など）に分けられます。国民は、このいずれかに加入しなければなりません。身近な人が亡くなったら、遺族はすみやかに、故人の健康保険証を返却します。

　国保加入者の場合、「**死亡届**」を出すことで、故人に生計を維持されていた遺族の保険証の再発行や保険料の自動計算がされるので、遺族の健康保険の変更手続きをする必要はありません。

　国保以外の健康保険の加入者は、勤務先で被保険者の資格喪失の手続きがされますので、保険証をすみやかに勤務先に返納しましょう。また、被保険者の扶養家族が亡くなった場合も、扶養からはずす手続きが発生しますので、すみやかにその旨を勤務先に伝え、亡くなった扶養家族の保険証を返納しましょう。

健康保険・厚生年金保険資格取得・資格喪失等確認請求書	
届け出人	遺族
届け出先	最寄りの年金事務所（郵送も可）
期限	なし（14日以内が望ましい）
持ち物	□身分証明書（運転免許証など） □マイナンバーカード

※必要に応じて提出しましょう

死亡手続き 直後

死亡手続き 年金・健康保険

死亡手続き 必要に応じた手続き

遺産・相続 基礎

遺産・相続 遺言・分割

遺産・相続 名義変更

遺産・相続 申告・納付

健康保険・
厚生年金保険資格取得・
資格喪失等確認請求書
（記入例）

国民健康保険等に加入するため、健康保険被保険者資格の喪失日等を証する書類が必要となったときにこの書類を提出します。

株式コード	令和 ○ 年 ○ 月 ○ 日 申請
2 2 9 0 2	

健康保険
厚生年金保険　資格取得・資格喪失等確認請求書

1. 申請者が記入する欄（必ず記入してください）

フリガナ	ヤマダ ハナコ
氏 名	山田花子　㊞
現住所	〒101-0000　東京都渋谷区五反田町8丁目15番地
続 柄	妻
電話番号	03-1234-5678

> 申請者と被保険者との続柄を記入してください。

2. 確認書を必要とする理由の該当する□にレ印をしてください。

☑ 国民健康保険の加入（脱退）手続き　　　□ その他（　　　　　　　　　　）

3. 被保険者（被保険者であった者）について記入する欄（必ず記入してください）

フリガナ	ヤマダ タロウ
氏 名	山田太郎
生年月日	明昭令大平　22 年 2 月 17 日
現住所	〒101-0000　東京都渋谷区五反田町8丁目15番地
個人番号（または基礎年金番号）（被保険者が申請する場合）	
事業所名称	ABC機器販売（株）
事業所所在地	東京都大田区野川5番2号
※保険者番号	※事業所記号・番号
※取得年月日（入社した日）　昭和 令和 平成　　年　　月　　日	※喪失年月日（退職日の翌日）　令和

> 個人番号を記した場合は、マイナンバーを確認できる書類を持参します。

4. 被扶養者（被扶養者であった者）について記入する欄

氏 名	生 年 月 日	続柄	※認定年月日	※解除年月日
山田花子	明昭令大平　24年 10月 1日	妻	昭令平　年　月　日	昭令平　年　月　日
	明昭令大平　年　月　日		昭令平　年　月　日	昭令平　年　月　日
	明昭令大平　年　月　日		昭令平　年　月　日	昭令平　年　月　日
	明昭令大平　年　月　日		昭令平　年　月　日	昭令平　年　月　日

扶養家族の健康保険はどうなるの？

　故人の保険証を返却し、**「健康保険・厚生年金保険資格取得・資格喪失等確認請求書」** を提出すると、**「健康保険資格喪失証明書」** が発行されます。故人の扶養家族は今後、国保に加入することになるため、この証明書に本人確認の書類を添え、市区町村の役所で加入手続きを行います。

　加入の届け出は、一般的には資格喪失から14日以内です。時間が経つと、その間の保険料もあとから請求されるため、早めに行いましょう。

厚生年金は
10日以内
国民年金は
14日以内

故人が年金受給者の場合…
受給停止と未支給年金請求の手続き

これが
重要！

▶ **厚生年金**なら死亡日から10日以内、**国民年金**なら死亡日から14日以内に手続きします。

▶ **未支給年金**の請求手続きも忘れずにします。

■ 受給停止の手続きと同時に
■ 未支給年金の請求を行う

　故人が生前に公的年金を受けていた場合は、市区町村の役所や年金事務所に「**年金受給権者死亡届**」を提出し、停止手続きを行います。年金を受け取れるのは、本来、死亡した月まで。停止手続きをしなければ、翌月以降も支払われてしまいます。そうなると、あとから超過分の一括返還を求められ、手続きが複雑になります。厚生年金なら死亡日から10日以内、国民年金であれば14日以内に停止手続きをすませましょう。

　また、「**年金受給権者死亡届**」は、「**未支給年金請求書**」とひとつづりになっているので、こちらも併せて提出することになります。

ミニ情報

「未支給年金」とは？

　亡くなった人が受け取れるはずだった年金のこと。年金は偶数月に支給されるため、停止手続きを行った時点で、どうしても直近1～2カ月分が支払われない状態になってしまいます。その未支給分を、生計を同じくしていた遺族が受け取れるのです。

年金受給権者死亡届	
届け出人	遺族
届け出先	市区町村の役所、請求者の住所管轄の年金事務所
期限	10日以内（国民年金は14日以内）
持ち物	□年金証書 □戸籍謄本 □請求者と受給権者の住民票 □振込先口座番号 □印鑑 □死亡診断書（コピー）

未支給年金請求書	
届け出人	遺族
届け出先	市区町村の役所、請求者の住所管轄の年金事務所
期限	「年金受給権者死亡届」と同時に提出
持ち物	□年金証書 □戸籍謄本 □請求者と受給権者の住民票 □振込先口座番号 □印鑑 □死亡診断書（コピー）

書き方▶ p.34

年金受給権者死亡届（記入例）

故人について記入します。

様式第515号

国民年金・厚生年金保険・船員保険・共済年金

年金受給権者死亡届（報告書）

※基礎年金番号（10桁）で届出する場合は、左詰めでご記入ください。

届書コード	処理区分コード	届書
8 5 0 1		

死亡した受給権者

❶ 個人番号（または基礎年金番号）および年金コード

個人番号（または基礎年金番号）　年金コード（複数請求する場合は右の欄に記入）

1 2 3 4 5 6 7 8 9 0 1 2　1 1 1 1

❷ 生年月日　明治・大正・(昭和)・平成・令和　2 2 年 0 2 月 1 7 日

⑦（フリガナ）ヤマダ　タロウ

氏名　(氏) 山田　(名) 太郎

❸ 死亡した年月日　昭和・平成・(令和)　○○年 ○○月 ○○日　[送信]

届出者

❹（フリガナ）ヤマダ　ハナコ　❺続柄 ※続柄

氏名　(氏) 山田　(名) 花子 ㊞　妻

❻ 未支給 無・有

❼ 郵便番号　101-0000　電話番号　03 - 1234 - 5678

❽（フリガナ）※住所コード　シブヤ　ゴタンダチョウ　チョウメ　バンチ

住所　渋谷 市㋰町村　五反田町8丁目15番地　[送信]

請求者について記入します。

平日の日中に連絡が取れる番号を記入しておきましょう。

◎ 未支給の年金・保険給付を請求できない方は、死亡届（報告書）のみ記入してください。

◎ 死亡届のみを提出される方の添付書類
1．死亡した受給権者の死亡の事実を明らかにすることができる書類
（個人番号（マイナンバー）が収録されている方については不要です）
・住民票除票（コピー不可）
・戸籍抄本
・死亡診断書（コピー可）　などのうち、いずれかの書類

2．死亡した受給権者の年金証書
年金証書を添付できない方は、その事由について以下の項目に○印を記入してください。

（事由）

ア、 廃棄しました。	（　　　年　　　月　　　日）
イ、 見つかりませんでした。今後見つけた場合は必ず廃棄します。	
ウ、 その他（	）

㋕ 備考

市区町村受付年月日

実施機関等受付年月日

令和 ○年 ○月 ○日 提出		
年金事務所記入欄		
※遺族給付同時請求	有(上・外)・無	
※未支給請求	有・無	

1803 1018 030 514

直後 死亡手続き

死亡・健康保険 死亡手続き

必要に応じた手続き 死亡手続き

基礎 遺産・相続

遺言・分割 遺産・相続

名義変更 遺産・相続

申告・納付 遺産・相続

未支給年金請求書（記入例）

様式第514号

故人について記入します。

国民年金・厚生年金保険・船員保険・共済年金
未支給【年金・保険給付】請求書
※基礎年金番号（10桁）で届出する場合は、左詰めでご記入ください。

二次元コード

45	46	48

死亡された方

死亡した受給権者

請求される方

◯◯◯「個人番号または基礎年金番号・年金コードが不明なときは、年金事務所の窓口でご相談ください。

※「記入上の注意」などをよく読んでから記入してください。
※「☆」印欄は、記入しないでください。

❶ 個人番号（または基礎年金番号）および年金コード

個人番号（または基礎年金番号）　　　年金コード（複数請求する場合は右の欄に記入）

1	2	3	4	5	6	7	8	9	0	1	2	1	1	1	1

❷ 生年月日　明治・大正・㊡昭和・平成・令和　22年　02月　17日

（フリガナ）　ヤマダ　　　　タロウ
氏名　（氏）山田　（名）太郎

❸ 死亡した年月日　昭和・平成・㊡令和　〇〇年　〇〇月　〇〇日

◆死亡した方が厚生年金保険・船員保険・統合共済の年金以外に共済組合等で支給する共済年金も受給していた場合、あわせて共済の未支給年金（未済の給付）の請求を希望しますか。※共済年金と国民（基礎）年金のみ受けている方は、別途共済組合等に請求が必要です。　はい・いいえ

請求者

❹（フリガナ）　ヤマダ　　　　ハナコ　　**❺ 続柄**　※続柄
氏名　（氏）山田　（名）花子 ㊞　妻

❻ 郵便番号　101-0000　**㋐ 電話番号**　03-1234-5678

❽（フリガナ）　※住所コード　シブヤ　ゴタンダチョウ　チョウメ　バンチ
住所　渋谷区 五反田町8丁目15番地

請求者について記入します。

㋑ 年金受取機関
1. 金融機関（ゆうちょ銀行を除く）
2. ゆうちょ銀行（郵便局）

（フリガナ）ヤマダ ハナコ
口座名義人氏名　山田花子

年金送金

金融機関コード	支店コード	（フリガナ）エービーシー	（フリガナ）ダイイチ	預金種別	口座番号（左詰めで記入）

銀行・信用金庫・農協・信組・信連・漁協　ABC　第一　本支店・出張所・本所・支所　1.普通 2.当座　2222222

貯金通帳の口座番号
記号（左詰めで記入）　番号（右詰めで記入）

ゆうちょ銀行　支払局コード

金融機関またはゆうちょ銀行の証明 ※
請求者の氏名フリガナと口座名義人氏名フリガナが同じであることを確認してください。　印

亡くなった当時の状況を記入します。

受給権者の死亡当時、受給権者と生計を同じくしていた次のような人がいましたか。

配偶者	子	父母	孫	祖父母	兄弟姉妹	その他3親等内の親族
いる・いない	いる・いない	いる・いない	いる・いない	いる・いない	いる・いない	いる・いない

㋑ 死亡した方が三共済（JR、NTT、JT）・農林共済年金に関する共済年金を受けていた場合に記入してください。
死亡者からみて、あなたは相続人です。（相続人の場合には、続柄についても記入してください。）　はい・いいえ　（続柄）

㋒ 備考

世帯となっていることについての理由書
（理由により、住民票上、世帯が別となっているが、受給権者の死亡当時、その者と生計を同じくしていたことを申告の理由に○印をつけてください。）

請求者氏名　□

子、別世帯の場合

理由	1. 受給権者の死亡当時、同じ住所に二世帯で住んでいたため。（請求者が配偶者または子である場合であって、住民票上、世帯が別であったが、住所が同じであったとき。） 2. 受給権者の死亡当時は、同じ世帯であったが、世帯主の死亡により、世帯主が変更されたため。

死亡した受給権者と請求者の住所が住民票上異なっているが、生計を同じくしていた場合は「別居していることについての〜どが必要となります。用紙が必要な方は、「ねんきんダイヤル」またはお近くの年金事務所などに問い合わせてください。
詳しくは1ページの未支給【年金・保険給付】請求書の「この請求書に添えなければならない書類」をご覧ください。

受け取る金融機関の証明を受けます。ただし、窓口へ預金通帳を持参する場合、預金通帳の写し、預金口座を証明できる書類を添付する場合は必要ありません。

市区町村受付年月日	実施機関等受付年月日

令和 〇年 〇月 〇日 提出

年金事務所記入欄
※遺族給付同時請求　有（上・外）・無
※死亡届の添付　有・無

1805 1018 001 514

3

34

2 章

年金と健康保険の手続き

年金制度を確認しましょう

知っておきたい Key Word

▶ **公的年金**は国が行う制度で、国に保険料を納めることで必要なとき（原則として65歳以上）に給付を受けられる**社会保険**です。
▶ 会社員や公務員は、**国民年金**と**厚生年金**が受け取れます。

公的年金の基本と被保険者の種類を知る

公的年金制度には、「**国民年金**」「**厚生年金**」があります。日本国内に住所のあるすべての人が加入を義務づけられており、その人の働き方により、どれに加入するのかが決まっています。

「国民年金」は、国民皆年金といわれ、日本国内に住所を有する20歳以上60歳未満のすべての人が加入するもので、老齢・障害・死亡により「基礎年金」を受けることが

できます。

「厚生年金」は、会社員や、公務員・私立学校教職員などが加入します。公務員・私立学校教職員は「共済年金」に加入していましたが、平成27年10月1日に「被用者年金一元化法」が施行されたことで、「厚生年金」に統一されました。

国民年金保険料は、厚生年金保険料に含まれるので、会社員や公務員などは自動的に国民年金にも加入することになり、右ページのように「2階建て」の年金になっています。

被保険者の種類

働き方により加入する保険が決まっており、保険料の納め方も異なります。

第1号被保険者	第2号被保険者	第3号被保険者
国民年金に加入している人	国民年金と厚生年金に加入している人	配偶者の厚生年金に加入している人
対象者は、自営業者、農業・林業・漁業従事者、学生、フリーター、無職の人など。納付書による納付や口座振替など、自分で納めます※。 ※納められないときは、免除や納付猶予のしくみがあります。	対象者は、厚生年金保険の適用を受ける会社に勤務するすべての人。 厚生年金の加入者は、同時に国民年金の加入者にもなります。保険料は加入する制度からまとめて国民年金に拠出されますので、自身で国民年金の保険料を負担する必要はありません。 ※ただし、65歳以上で老齢基礎年金を受ける人を除きます。	対象者は、第2号被保険者の配偶者で20歳以上60歳未満の人※。 国民年金保険料は配偶者が加入する年金制度が一括負担します。 ※年間収入が130万円以上で健康保険の扶養となれない人は第3号被保険者とはならず、第1号被保険者となります。

直後 死亡手続き

死亡手続き 年金・健康保険

死亡手続き 必要に応じた手続き 基礎

遺産・相続 基礎

遺産・相続 遺言・分割

遺産・相続 名義変更

遺産・相続 申告・納付

会社員や公務員は、1階部分の国民年金に加えて
2階部分の厚生年金に加入します。

<ruby>年金制度<rt>ねんきんせいど</rt></ruby>の図

		厚生年金基金	職域相当部分
上乗せ年金（2階）	付加年金 ／ 国民年金基金 ／ 確定拠出年金（個人型）	（代行部分）	
		厚生年金基金	（公務員等）
基礎年金（1階）	国民年金		

自営業者等

会社員 ／ 公務員等

第2号被保険者の被扶養配偶者

第1号被保険者 → **第2号被保険者** → **第3号被保険者**

年金はいつ
支給されるの？

	原則 65 歳〜	障害の状態にある期間	被保険者が亡くなったら
厚生年金	老齢厚生年金	障害厚生年金	遺族厚生年金（▶ P.54）
国民年金	老齢基礎年金	障害基礎年金	遺族基礎年金（▶P.46）

遺族が受給できる年金の種類については▶ p.39

こんなときは

自分の年金のことをくわしく知りたいときは？

年金制度には細かい条件があるので、最寄りの年金事務所やねんきんダイヤルで相談してください。

ねんきんダイヤル

▶ ナビダイヤル… 0570-05-1165

▶ 050 で始まる電話でかける場合…03-6700-1165

遺族年金は誰がもらえるのでしょうか？

知っておきたい
Key Word

▶ **遺族年金**は、故人に扶養されていた遺族がもらえます。
▶ **遺族基礎年金**は、子のある配偶者がもらえます。
▶ **遺族基礎年金**と**中高齢寡婦加算**は、**遺族厚生年金**とともに受給できます。

■ 受け取れる遺族年金は
■ 諸々の条件によって異なる

日本に住んでいる 20 歳以上 60 歳未満のすべての国民は、必ず「国民年金」に加入することになっています。「遺族年金」は家計を支えていた人が亡くなったときに、残された家族が生活に困らないように、金銭的な補助をする公的年金制度の 1 つです。

被保険者が亡くなると、生計をともにしていた遺族は、故人の年金を「遺族年金」という形で受給できますが、故人が第何号被保険者であったか、また故人と遺族の続柄、遺族の年齢などによって、どんな年金をいくら受け取ることができるかは異なります。

■ 国民年金は 3 種のうち
■ 要件に該当すればそのうち 1 つを受給

故人が第 1 号被保険者（国民年金に加入）だった場合、「遺族基礎年金」「寡婦年金」「死亡一時金」の 3 種類のうち、要件に該当するものがあれば受給できます。

故人が第 2 号被保険者（厚生年金に加入）だった場合、受給対象となる人が最も幅広いのが「遺族厚生年金」です。故人の配偶者か、一定の条件を満たす遺族に支給されます。

さらに、故人に生計を維持されていた「子のある配偶者」または「子」は、一定の条件のもと「遺族基礎年金」も併せて受け取ることができます。

妻が遺族基礎年金を受けられない場合は、「中高齢寡婦加算」という制度があります。一定の条件のもと、故人の妻が受け取れる給付金です。こちらも条件を満たせば、遺族厚生年金と一緒に受給できます。

条件により、受け取れる年金が変わってくるので、自分のケースを確認してみましょう。いずれにせよ、届け出が必要になるため、忘れずに手続きをしましょう。

遺族が受給できる
年金の種類

　遺族年金は、残された家族が困らないためのものなので、もらえる人は故人と生計を一緒にしていて、将来にわたって遺族自身の年収が850万円未満であることが要件の1つとなる。

公的年金の種類と加入者		遺族年金の種類	遺族年金をもらえる人

国民年金
第1号被保険者

自営業者、農業・林業・漁業従事者、学生、フリーター、無職の人など

亡くなったとき

→ **遺族基礎年金** — 故人の扶養を受けていた子と子のある配偶者（▶ p.44 参照）

→ **寡婦年金** — 婚姻関係が10年以上あり、夫に扶養されていた満65歳未満の妻が受給可能（▶ p.48 参照）

→ **死亡一時金** — 遺族基礎年金の受給資格がなく、寡婦年金を受給しない遺族が受給権を持つ（▶ p.50 参照）

⬆ いずれか1つを選択

厚生年金・共済年金
第2号被保険者

厚生年金保険の適用を受ける会社に勤務するすべての人
（公務員、私立学校教職員等を含む）

亡くなったとき

遺族厚生年金（遺族共済年金） — 故人の扶養を受けていた①配偶者、②子、③父母、④孫、祖父母の優先順位で受け取れる（▶ p.52 参照）

遺族基礎年金 — 故人の扶養を受けていた子と子のある配偶者（▶ p.44 参照）

中高齢寡婦加算 — 遺族基礎年金を受給することができない妻（▶ p.52 参照）

⬆ 該当するものすべて受給できる

国民年金
第3号被保険者

第2号被保険者に扶養されている配偶者

亡くなったとき

遺族基礎年金 — 故人の扶養を受けていた子と子のある配偶者（▶ p.44 参照）

【CASE 1】 年金をもらう

Q 夫が亡くなったのですが、遺族年金はもらえますか？

A 夫が加入していた年金の種類、妻の年齢や職業、
要件に該当する子がいるかなどの条件により受け取れる額が変わります。

　年金を受給していた人または年金の受給要件を満たす人が亡くなったときは、その人に扶養されていた妻や子どもに遺族年金が支給される制度があります。ただし、夫が加入していた年金の種類、妻の年齢や職業、要件に該当する子（▶p.44）がいるかいないかで、遺族年金の金額が変わります。

　亡くなった夫が国民年金加入者だった場合は、要件に該当する子がいる場合のみ、遺族基礎年金が支給されます。国民年金から支給される遺族年金は、基本的に子どもの養育のために支給されるものなのです。

　一方、亡くなった夫が会社員で厚生年金に加入していた場合は、専業主婦の妻は、子どもがいる、いないにかかわらず、遺族厚生年金が支給されます。すでに年金をもらっている妻は自分の老齢基礎年金にプラスして遺族厚生年金を受け取ることができます。遺族厚生年金の金額は、これまで夫に支給されていた夫の老齢厚生年金の 3/4 になります。

　次に、主な支給パターンをいくつか紹介しますので、参考にしてみてください。

パターン1
夫が自営業者で 妻が専業主婦だった場合

　老齢基礎年金の受給要件を満たす夫が亡くなった場合、要件に該当する子（▶p.44）がいれば、遺族基礎年金と要件に該当する子の人数に応じた加算額が支給されます。要件に該当する子がいなければ、遺族基礎年金の支給はありません。

　夫の死亡当時、夫との婚姻関係が 10 年以上継続してあり、夫が老齢基礎年金や障害基礎年金を受給したことがない場合、60 歳から 65 歳の間、妻に寡婦年金が支給されます。

要件に該当する子がいる場合

（子が障害等級 1 級または 2 級の場合は 20 歳未満）

遺族基礎年金
780,100円※
（年額）

＋

子の加算
第1子・第2子
各 224,500円（年額）

第3子以降
各 74,800円（年額）

※上記の金額は満額の場合です（平成 31 年度現在）。

その他の場合

遺族基礎年金

支給なし

寡婦年金
（夫の老齢基礎年金の 3/4）

※寡婦年金の受給期間は妻が 60 歳以上 65 歳未満の 5 年間。
※妻が 65 歳以上になると、妻自身の老齢基礎年金を受け取ることができます。

パターン2
夫が会社員で妻が専業主婦だった場合

　老齢厚生年金を受給していた夫が亡くなったら、専業主婦の妻は、夫がもらっていた老齢厚生年金の3/4を遺族厚生年金として受け取れます。妻が65歳以上なら、自分の老齢基礎年金に上乗せして遺族厚生年金を生涯もらうことができます。

　妻が40歳以上65歳未満で要件に該当する子（▶ P.44）がいない場合は、夫の厚生年金加入期間が20年以上あるときは、遺族厚生年金と中高齢寡婦加算が支給されます。

　また40歳以上65歳未満の妻に要件に該当する子がいる場合は、遺族厚生年金に加えて、遺族基礎年金と子の数に応じた子の加算額が支給されます。子の加算は、末っ子が18歳になった年の年度末で終了しますが、その代わりに妻が65歳になるまで中高齢寡婦加算が支給されます。

妻が65歳以上で18歳未満の子がいない場合

遺族厚生年金
（夫の老齢厚生
年金の3/4） 妻の
老齢基礎年金
780,100円
（年額）

※上記の金額は妻の第3号被保険者期間が40年ある場合です。

妻が40歳以上65歳未満で18歳未満の子がいない場合

遺族厚生年金
（夫の老齢厚生
年金の3/4） 中高齢寡婦加算
585,100円
（年額）

妻が40歳以上65歳未満で18歳未満の子がいる場合

遺族厚生年金
（夫の老齢厚生
年金の3/4） 遺族基礎年金
780,100円
（年額）

子の加算
第1子・第2子　各224,500円（年額）
第3子以降　各74,800円（年額）

【CASE 2】

Q 共働き夫婦で、それぞれ老齢厚生年金をもらっています。
夫が亡くなったら遺族厚生年金はもらえますか？

A 妻に支給される老齢厚生年金が多い場合は、
遺族厚生年金は支給されない場合があります。

65歳以上で老齢厚生年金を受けている人は、原則として、自分の老齢厚生年金を優先して受け取ります。

現在、支給されている自分の老齢厚生年金の金額が、遺族厚生年金よりも多いときは、遺族厚生年金は支給されません。

自分の老齢厚生年金が少なかった場合は、遺族厚生年金と自分の老齢厚生年金との差額が支給されます。

ただし、2007年（平成19年）4月1日以前に65歳になった人は、右記の図のように3つのパターンから支給の組み合わせを選択することができます。

なお、2007年（平成19年）4月1日以前に65歳になった人でも、年収が850万円以上あった人は、夫に生計を維持されていたとはみなされず、遺族年金の支給対象にはなりません。夫が亡くなったとしても、自分の老齢厚生年金と老齢基礎年金のみを引き続き受給することになります。

**2007年（平成19年）4月1日以降に
夫が亡くなった人**

遺族厚生年金
（夫の老齢
厚生年金の
3/4）と
妻の老齢
厚生年金の差額
＋
妻の老齢
厚生年金
（全額）
＋
妻の老齢
基礎年金
780,100円
（年額）

**1942年（昭和17年）4月1日より前に生まれた人は
3つのパターンから選ぶ**

❶
遺族厚生年金
（夫の老齢
厚生年金
の3/4）
＋
妻の老齢
基礎年金
780,100円
（年額）

❷
妻の老齢
厚生年金
（全額）
＋
妻の老齢
基礎年金
780,100円
（年額）

❸
遺族厚生年金
（夫の老齢厚生
年金の3/4）
の2/3
＋
妻の老齢
厚生年金
の1/2
＋
妻の老齢
基礎年金
780,100円
（年額）

【CASE 3】

Q 介護費が高額になったとき、助けてもらえる制度はありますか?

A 介護保険にも、限度額を超えた介護サービス費を
返還する制度があります。

　介護保険にも高額療養費制度と同じく、高額介護サービス費の制度が設けられています。1カ月に支払った介護サービス費の利用者負担額の合計が限度額を超えたときは、超えた分を払い戻してもらえます。

　1カ月の高額介護サービス費の限度額は、対象となる人の所得によって異なります。世帯内に住民税を課税されている人が1人でもいる場合の限度額は世帯あたり44,000円です。ただし、同じ世帯内のすべての65歳以上の人の利用者負担割合が1割の場合は、1年間の上限が446,400円（37,200 × 12カ月）になります。住民税非課税世帯の限度額は世帯あたり24,600円、年金収入と所得の合計が80万円以下の場合は個人で15,000円です。

　限度額を超えた人には、お住まいの自治体から申請の案内が届きます。ただし、2年以内に手続きを行わないと、時効で返金されなくなるので注意しましょう。

　また、福祉用具購入費や住宅改修費の自己負担分、施設サービスなどの食費・居住費等介護保険給付対象外のサービス利用者負担分、居宅サービスの利用限度額を超える利用者負担分は、払い戻しの対象になりません。

【CASE 4】

Q 医療費と介護費の両方が高額になりました。

A 1年間の医療費と介護費の合計が
限度額を超えると払い戻しが受けられます。

　同じ世帯に介護サービスを利用している人がいるときは、世帯全体の医療費と介護サービス費を合算した額が、一定の限度額を超えると高額介護合算療養費制度により、超えた分を返金してもらえます。

　1年間（8月1日〜翌年7月31日）の医療保険と介護保険の自己負担額を合算した額が、世帯全体の所得に応じた限度額を超えた場合、市区町村役所から申請案内が送付されます。たとえば、70歳未満の方がいる世帯で世帯全体の所得が210〜600万円の場合、医療費と介護サービス費の合計が1年間で67万円を超えた場合、超えた金額が払い戻しになります。

遺族を守る年金①
遺族基礎年金の手続き

提出期限 5年以内

これが重要!

▶ **遺族基礎年金**とは、国民年金に加入している人が亡くなったとき、「子のある配偶者」もしくは「子」の生計を支えるために支給される年金です。

子どもの年齢や人数により受け取る金額が決まる

遺族年金の給付対象者は、故人によって生計を維持され、要件に該当する子（▶下記参照）のある配偶者に支給されます。

子のある給付対象の配偶者が受け取れる金額は、子の人数によって変動します。遺族基礎年金の満額 780,100 円（平成 31 年度現在）に、子の加算額がプラスされます。第 1 子と第 2 子各 224,500 円、第 3 子以降は 74,800 円ずつ加算されます。**要件に該当する子がいない場合、配偶者は遺族基礎年金を受給できません。**

「要件に該当する子」とは…

・18 歳に達する日以後最初の 3 月 31 日までの子
・20 歳未満で障害要件に該当する子

「保険料納付要件」とは…

保険料が納められている期間（免除期間を含む）が加入期間の 3 分の 2 以上であることです。ただし、これに満たない場合、死亡日が 2026 年（令和 8 年）3 月末日までのとき、死亡した方が 65 歳未満であれば、死亡月の前々月までの 1 年間、未納・滞納がなければ、認められます。

国民年金遺族基礎年金 請求書	
届け出人	給付対象者
届け出先	市区町村の役所
期限	5 年以内
持ち物	□故人と請求者の年金手帳 □戸籍謄本 □世帯全員の住民票（除票も含む） □死亡診断書（コピー） □振込先口座番号 □学生証 □請求者の所得証明書 □印鑑

遺族基礎年金が支給される条件

故人が下記の条件を満たしていること。
①国民年金の被保険者である間に死亡した
②国民年金の被保険者であった60歳以上65歳未満の方で日本国内に住所を有していた
③老齢基礎年金の受給権者であった
④保険料納付済期間、保険料免除期間及び合算対象期間を合算した期間が25年以上あった

※①は、保険料納付要件（▶左記参照）を満たしている必要があります。

国民年金遺族基礎年金請求書①（記入例）

死亡手続き
直後

死亡手続き
年金・健康保険

死亡手続き
必要に応じた手続き

遺産・相続
基礎

遺産・相続
遺言・分割

遺産・相続
名義変更

遺産・相続
申告・納付

受け取る金融機関の証明を受けます。ただし、預金通帳を持参すれば証明が必要ない場合もあります。

届書コード	届書
7 3 2	①

年金請求書（国民年金遺族基礎年金）

○ □ のなかに必要事項をご記入ください。
（★印欄には、なにも記入しないでください。）
○黒インクのボールペンで記入してください。鉛筆や、摩擦に伴う温度変化等により消色するインクを用いたペンまたはボールペンは、使用しないでください。
○フリガナはカタカナでご記入ください。
○この請求書は市区町村役場またはお近くの年金事務所に提出してください。
○請求者自ら署名する場合は、押印は不要です。

年金コード
6 4 5

⑨ ★
受付年月日
受付年月日

※基礎年金番号が受付されていない方は、❶❸の欄に個人番号をご記入ください。
※基礎年金番号（10桁）で届出する場合は左詰めでご記入ください。

⑤記録不要制度		⑥構成顧	⑦進達番号
（厚年）（船員）（国年）	送信	01	
（国共）（地共）（私学）		02	

⑧別紙区分	⑩重	⑪未届	⑫未保	⑬受数	⑭長期	⑮沖縄

死亡した方

❶個人番号（または基礎年金番号）　1 1 1 1 2 2 2 2 3 3 3 3

❷生年月日　明・大・昭・平（1 3 5 7）　40 年 05 月 10 日

氏名（フリガナ）ムラタ　イチロウ
（氏）村田　（名）一郎　性別 男1

請求者

❸個人番号（または基礎年金番号）　4 4 4 4 5 5 5 5 6 6 6 6

❹生年月日　明・大・昭・平（1 3 5 7）　50 年 06 月 10 日

⑯氏名（フリガナ）ムラタ　カズミ
（氏）村田　（名）一美　⑰続柄 妻　性別 女2

⑱住所の郵便番号	⑲住所コード	住所（フリガナ）シンジュク　カミイズミマチ
1 2 3 4 5 6 7		新宿　市区町村　上泉町 3-6

二次元コード

遺族基礎年金の額は、「老齢基礎年金の満額＋子の加算額」です。子1人につき金額が加算されるので、その加算の対象者について明記します。

過去に加入していた年金制度の年金手帳の記号番号で、基礎年金番号と異なる記号番号があるときは、その記号番号をご記入ください。

保険		国民年金	
保険			

…ていない方は、つぎのことにお答えください。（記入した方は、回答の必要はありません。）
…年金保険、国民年金または船員保険に加入したことがありますか。○で囲んでください。　ある・ない
…答えた方は、加入していた制度の年金手帳の記号番号をご記入ください。

保険		国民年金	
保険			

㉑年金受取機関	（フリガナ）ムラタ　カズミ
1.金融機関（ゆうちょ銀行を除く）2.ゆうちょ銀行（郵便局）	口座名義人氏名　村田一美

	㉒金融機関コード	支店コード	（フリガナ）ヒフミ	銀行（金庫・信組・農協・信漁連・信連・漁協）	チュウオウ	本所・支所・出張所・本店・支店	㉓預金種別	㉔口座番号（左詰めで記入）
金融機関	一二三				中央		1.普通 2.当座	1 2 3 4 5 6 7

㉕預金通帳の口座番号		金融機関またはゆうちょ銀行（郵便局）の証明
記号（左詰めで記入）	番号（右詰めで記入）	※通帳等の写し（金融機関名、支店名、口座名義人氏名フリガナ、口座番号の面）を添付する場合証明は不要です。
	－	※請求者の氏名フリガナと口座名義人氏名フリガナが同じであることを確認してください。※貯蓄貯金口座または貯蓄預金口座への振り込みはできません。 印

ゆうちょ銀行

㉖支払局コード　0 1 0 1 6 0

※口座をお持ちでない方や口座でのお受取りが困難な事情がある方は、お受取り方法について、「ねんきんダイヤル」またはお近くの年金事務所にお問い合わせください。

⑦加算額の対象者	氏名		生年月日	障害の状態	㉙診	連絡欄
	（フリガナ）ムラタ　ジロウ（氏）村田　（名）次郎		平7 15 年 12 月 1 日	障害の状態にある・ない		
	（フリガナ）（氏）　（名）		平7　年　月　日	障害の状態にある・ない		X線フィルムの送付 有・無　枚
注意事項2参照	（フリガナ）（氏）　（名）		平7　年　月　日	障害の状態にある・ない		X線フィルムの返送 年 月 日

「死亡診断書」を参考にしましょう。

故人が生前に住んでいた住所を明記します。

㋐	(1) 死亡した方の生年月日・住所	00 年 00 月 00 日	住所	新宿区上泉町 3-6

必ずご記入ください。	(2) 死亡年月日	(3) 死亡の原因である疾病または負傷の名称	(4) 疾病または負傷の発生した日
	00 年 00 月 00 日	肺炎	00 年 00 月 00 日
	(5) 疾病または負傷の初診日	(6) 死亡の原因である傷病または負傷の発生原因	(7) 死亡の原因は第三者の行為によりますか。
	00 年 00 月 00 日	不詳	① は い　2 いいえ

(8) 死亡の原因が第三者の行為により発生したものであるときは、その者の氏名および住所
氏名
住所

(9) 請求する方は、死亡した方の相続人になれますか。　　① は い　2 いいえ

(10) 死亡した方は次の年金制度の被保険者、組合員または加入者となったことがあります。あるときは番号を○で囲んでください。

① 国民年金法　　　　　② 厚生年金保険法　　　　3 船員保険法 (昭和61年4月以後を除く)
4 廃止前の農林漁業団体職員共済組合法　　5 国家公務員共済組合法　　6 地方公務員等共済組合法
7 私立学校教職員共済法　　8 旧市町村職員共済組合法　　9 地方公務員の退職年金に関する条例　　10 ...

(11) 死亡した方は、(10)欄に示す年金制度から年金を受けていましたか。	1 は い ② いいえ	受けていたときは、その制度名と年金証書の基礎年金番号および年金コード等をご記入ください。	制度 名	年金証書の基礎年金番号および年...

事実婚の場合は、関係を証明する書類が必要になります。

㋑	(1) 死亡した方が次の年金または恩給のいずれかを受けることができたときはその番号を○で囲んでください。

1 地方公務員の恩給　2 恩給法 (改正前の執行官法附則第13条において、その例による場合を含む。) による普通恩給
3 日本製鉄八幡共済組合の老齢年金または養老年金　　4 旧外地関係または旧陸海軍関係共済組合の退職年金給付

(2) 死亡した方が昭和61年3月までの期間において国民年金に任意加入しなかった期間または任意加入したが、保険料を納付しなかった期間が、次に該当するときはその番号を○で囲んでください。

1 死亡した方の配偶者が㋐の(10)欄 (国民年金を除く。) に示す制度の被保険者、組合員または加入者であった期間
2 死亡した方の配偶者が㋐の(10)欄 (国民年金を除く。) および(1)欄に示す制度の老齢年金または退職年金を受けることができた期間
3 死亡した方または配偶者が㋐の(10)欄 (国民年金を除く。) に示す制度の老齢年金または退職年金の受給資格期間を満たしていた期間
4 死亡した方または配偶者が㋐の(10)欄 (国民年金を除く。) および(1)欄に示す制度から障害年金を受けることができた期間
5 死亡した方または配偶者が戦傷病者戦没者遺族等援護法の障害年金を受けることができた期間
6 死亡した方が㋐の(10)欄 (国民年金を除く。) および(1)欄に示す制度から遺族に対する年金を受けることができた期間
7 死亡した方が戦傷病者戦没者遺族等援護法の遺族年金または未帰還者留守家族手当もしくは特別手当をうけることができた期間
8 死亡した方または配偶者が都道府県議会、市町村議会の議員および特別区の議会の議員ならびに国会議員であった期間
9 死亡した方が都道府県知事の承認を受けて国民年金の被保険者とされなかった期間

(3) 死亡した方が国民年金に任意加入しなかった期間または任意加入したが、保険料を納付しなかった期間が、上に示す期間以外で次に該当するときはその番号を○で囲んでください。

1 死亡した方が日本国内に住所を有さなかった期間
2 死亡した方が日本国内に住所を有していた期間であって日本国籍を有さなかったため国民年金の被保険者とされなかった期間
3 死亡した方が学校教育法に規定する高等学校の生徒または大学の学生であった期間
4 死亡した方が昭和61年4月以後の期間において下に示す制度の老齢または退職を事由とする年金給付を受けることができた期間
　　ただし、エからサに示す制度の退職事由とする年金給付であって年齢を理由として停止されている期間は除く。

ア 厚生年金保険法	イ 船員保険法 (昭和61年4月以後を除く)	ウ 恩給法
エ 国家公務員共済組合法	オ 地方公務員等共済組合法 (ケを除く)	カ 私立学校教職員共済法
キ 廃止前の農林漁業団体職員共済組合法	ク 国会議員互助年金法	ケ 地方議会議員共済法
コ 地方公務員の退職年金に関する条例	サ 改正前の執行官法附則第13条	

(4) 死亡した方は国民年金に任意加入した期間について特別一時金を受けたことがありますか。	1 は い ② いいえ
(5) 昭和36年4月1日から昭和47年5月14日までの間に沖縄に住んでいたことがありますか。	1 は い ② いいえ

(6) 死亡の原因は業務上ですか。	(7) 労災保険から給付が受けられますか。	(8) 労働基準法による遺族補償が受けられますか。
1 は い ② いいえ	1 は い ② いいえ	1 は い ② いいえ

請求者と、加算額の対象者すべてを記入しましょう。

生 計 維 持 証 明

㊞

生計同一関係

右の者は死亡者と生計を同じくしていたこと、および配偶者と子が生計を同じくしていたことを申し立てる。

~~証明する。~~

令和 ００ 年 ００ 月 ００ 日

請求者 住 所 新宿区上泉町 3-6

~~証明者~~ 氏 名 村田一美 ㊞

（請求者との関係）

請求者	氏　　名	続柄
	村田一美	妻
	村田次郎	長男

（注）　1　この申立は、民生委員、町内会長、事業主、年金委員、家主などの第三者（第三者には、民法上の三親等内の親族は含まれません。）の証明に代えることができます。
　　　　2　この申立（証明）には、世帯全員の住民票（コピー不可）を添えてください。
　　　　3　請求者が申立てを行う際に自ら署名する場合は、請求者の押印は不要です。

収入関係

	※確認印		※年金事務所の確認事項
1. この年金を請求する人は次に答えてください。			
(1)請求者(名: 一美)について年収は、850万円未満ですか。 ㊞	(はい)・いいえ	（　）印	ア　健保等被扶養者（第三号被保険者）
(2)請求者(名: 次郎)について年収は、850万円未満ですか。 ㊞	(はい)・いいえ	（　）印	イ　加算額または加給年金額対象者
(3)請求者(名:　　)について年収は、850万円未満ですか。 ㊞	はい・いいえ	（　）印	ウ　国民年金保険料免除世帯
2. 上記1で「いいえ」と答えた人で、収入がこの年金の受給権発生当時以降おおむね5年以内に850万円未満※となる見込みがありますか。	はい・いいえ		エ　義務教育終了前
			オ　高等学校在学中
			カ　源泉徴収票・非課税証明等

令和　　年　　月　　日 提出

（※）平成6年11月8日までに受給権が発生した方は「600万円未満」となります。

すべての請求者の情報を明記します。

死亡手続き
直後

死亡手続き
年金・健康保険

死亡手続き
必要に応じた手続き

遺産・相続
基礎

遺産・相続
遺言・分割

遺産・相続
名義変更

遺産・相続
申告・納付

47

遺族を守る年金②
寡婦年金の手続き

これが
重要！

▶寡婦年金とは遺族基礎年金の受給条件に該当しない妻に対して支給されます。

満18歳以下の子がいない妻は
最長で5年間受け取れる

「寡婦年金」とは、夫と死別した再婚していない女性を支えるための年金です。受給期間は、妻が60〜65歳未満の5年間です。夫の死亡時に妻が60歳未満だった場合は、60歳を迎えた時点で受給開始となります。支給が始まると、夫が受け取るはずだった老齢基礎年金額の、3/4にあたる金額を受け取れます。

ただし、夫が死亡した時点で妻が60歳以上だと、受給期間が5年に満たないため、場合によっては、「死亡一時金」（▶ p.50）を受け取るほうが有利かもしれません。

国民年金寡婦年金 請求書	
届け出人	給付対象者
届け出先	市区町村の役所
期限	5年以内
持ち物	□故人と請求者の年金手帳 □戸籍謄本 □世帯全員の住民票（除票も含む） □死亡診断書（コピー） □振込先口座番号 □請求者の所得証明 □印鑑

寡婦年金が支給される条件

下記の条件を満たしていること。

① 故人が国民年金の第1号被保険者で、10年以上（免除期間含む）保険料を納め、老齢基礎年金・障害基礎年金を受けずに亡くなった

② 請求者は故人によって生計を維持され、故人と10年以上の婚姻関係にあった満65歳未満の妻

※遺族基礎年金の受給者は、寡婦年金は受け取ることができません。

国民年金寡婦年金請求書（記入例）

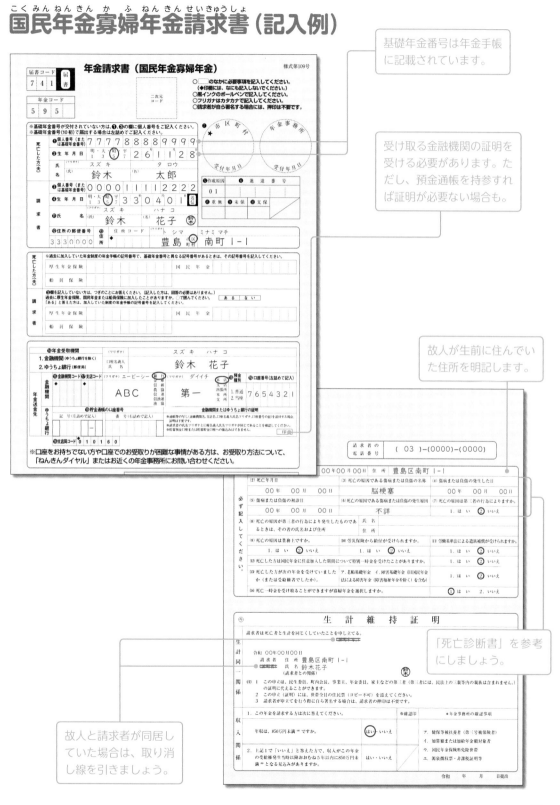

死亡手続き 直後

死亡手続き 年金・健康保険

死亡手続き 必要に応じた手続き

遺産・相続 基礎

遺産・相続 遺言・分割

遺産・相続 名義変更

遺産・相続 申告・納付

遺族を守る年金③
死亡一時金の手続き

これが
重要！

▶ **遺族基礎年金**の受給条件を満たせなかった場合に支給される可能性がある給付金です。

▶ 妻が**寡婦年金**を受け取る場合は、**死亡一時金**の受給権はなくなります。

保険料の納付期間に応じて支給金額が変わる

「死亡一時金」は、国民年金の第1号被保険者が36カ月以上保険料を納めていて、老齢基礎年金・障害基礎年金を受け取らずに亡くなった場合、遺族に対して支給されます。

手続きの期限は死亡日から2年で、一時金の金額は、第1号被保険者として、国民年金保険料を納めていた期間に応じます。免除期間がある場合は、納付した割合をもとに計算します。

また、定額の保険料に加え、付加保険料を36カ月以上納めていた場合は、8500円が加算されます。

国民年金死亡一時金 請求書	
届け出人	給付対象者
届け出先	市区町村の役所、年金事務所
期限	2年以内
持ち物	□故人の年金手帳 □戸籍謄本 □世帯全員の住民票 □死亡診断書（コピー） □振込先口座番号 □印鑑

一時金を受け取れる人の範囲と優先順位

故人と生計を同じくしていた人。
優先順位は以下のとおり。

① 配偶者　④ 孫
② 子　　　⑤ 祖父母
③ 父母　　⑥ 兄弟姉妹

※ただし、配偶者や子が遺族基礎年金や寡婦年金を受給していると支給されません。

死亡一時金の金額

保険料納付済期間	死亡一時金の 受給額
36カ月以上180カ月未満	12万円
180カ月以上240カ月未満	14万5000円
240カ月以上300カ月未満	17万円
300カ月以上360カ月未満	22万円
360カ月以上420カ月未満	27万円
420カ月以上	32万円

国民年金死亡一時金請求書（記入例）

死亡手続き 直後

死亡手続き 年金・健康保険

死亡手続き 必要に応じた手続き

遺産・相続 基礎

遺産・相続 遺言・分割

遺産・相続 名義変更

遺産・相続 申告・納付

国民年金死亡一時金支給決定決議書・決定伺

起案年月日	決議年月日	事務センター長 所　　　長	副事務センター長 副 所 長 課　　　長	グループ長	担当者
令和　　年　　月　　日	令和　　年　　月　　日				

故人についての情報を記入します。

			月	支給決定額
第1号被保険者期間の保険料納付状況	納付済期間	定額納付月数	月	
		4分の1免除月数	（　　　×　3/4）	月
		半額免除月数	（　　　×　1/2）	月
		4分の3免除月数	（　　　×　1/4）	月
	付加納付月数		月	
	免除月数		月	円
却下事由				

国民年金死亡一時金請求書

死亡者	個人番号（または基礎年金番号） 7777 8888 9999 基礎年金番号以外の年金手帳番号	（フリガナ） スズ キ タ ロウ 氏名 鈴木太郎

死亡者

生年月日 大正・昭和・平成・令和 26 年 11 月 28 日
死亡年月日 令和 00 年 00 月 00 日

住所	豊島区南町 1-1

請求者	（フリガナ） スズ キ ハナ コ 氏名 鈴木花子 ㊞鈴木	生年月日 大正・昭和・平成・令和 33 年 4 月 1 日	死亡者との続柄

住所 〒 333-0000 豊島区南町 1-1　　電話番号（ 03 ） 0000 － 0000

年金受取機関

年金送金先

1. 金融機関（ゆうちょ銀行を除く）
2. ゆうちょ銀行（郵便局）

（フリガナ） スズ キ ハナ コ
口座名義人 氏名 鈴木花子

	☆金融機関コード	支店コード	（フリガナ） エービーシー	（フリガナ） ダイイチ	預金種別	口座番号（左詰めで記入）
金融機関	◆	◆	ABC 銀行 金庫 信組 農協 信連 信漁連 漁協	第一 本店 支店 出張所 本所 支所	1. 普通 2. 当座	7654321

ゆうちょ銀行 貯金通帳の口座番号
記 号（左詰めで記入）　番 号（右詰めで記入）
[ ] ー [ ]

☆ 金融機関またはゆうちょ銀行の証明
請求者の氏名フリガナと口座名義人氏名フリガナが同じであることを確認してください。
※貯蓄口座は振込できません。
印

支払局コード ◆ 0 1 0 1 6 0

※口座をお持ちでない方や口座でのお受取りが困難な事情がある方は、お受取り方法について、「ねんきんダイヤル」又はお近くの年金事務所にお問い合わせください。

先順位者の有無	死亡の当時、死亡者と生計を同じくしていた人がいましたか。					
	配偶者	子	父母	孫	祖父母	兄弟姉妹
	有・無	有・無	有・無	有・無	有・無	有・無

他の同順位者	氏　名	性別	続柄	生年月日	住所	請求の有無
		男・女		・　・		有・無
		男・女		・　・		有・無

寡婦年金との調整	ア．寡婦年金を受けることができるが死亡一時金を選択する。 イ．寡婦年金を受けることができない。

令和　　年　　月　　日

年金事務所長あて

二次元コード

市区町村 受付年月日

年金事務所 受付年月日

故人の配偶者ではない場合、この欄に記入する必要はありません。

1803 1018 034 CN45

51

遺族を守る年金④
遺族厚生年金と中高齢寡婦加算の手続き

これが
重要!

▶ 厚生年金加入者の遺族は、妻や子に限らず、一定の条件に該当すれば、**遺族厚生年金**の受給対象となります。
▶ **中高齢寡婦加算**は夫を亡くし再婚していない女性（40～65歳）に年金額を加算する制度です。

妻や子に限らず受け取ることができる

遺族厚生年金支給される条件と受け取れる人は右記のとおりです。金額の計算は加入期間により異なりますが、**原則として故人が受け取るはずだった老齢厚生年金の、4分の3にあたる金額**です。

夫を亡くし、再婚していない女性（遺族厚生年金を受け取っている人で40～65歳に限定）には、年金額を加算する「**中高齢寡婦加算**」という制度もあります。

遺族厚生年金が支給される条件

故人が下記の条件を満たしていること。
①厚生年金保険の被保険者である間に死亡
②厚生年金保険の被保険者期間に、初診日がある病気やけがが原因で、初診日から5年以内に死亡
③1級・2級の障害厚生年金を受けられる人である
④老齢厚生年金の受給権者であった
⑤保険料納付済期間、保険料免除期間及び合算対象期間を合算した期間が25年以上あった

※①②は、保険料納付要件（▶ p.44）を満たしている必要があります。

国民年金・厚生年金保険 遺族給付請求書

届け出人	給付対象者
届け出先	年金事務所
期限	5年以内
持ち物	□故人と請求者の年金手帳 □戸籍謄本 □世帯全員の住民票（除票も含む） □死亡診断書（コピー） □所得証明 □振込先口座番号　□印鑑

遺族厚生年金を受け取れる人

故人と生計を同じくし、年収850万円未満の遺族。優先順位は以下のとおり。

①配偶者（妻、55歳以上の夫）
　※30歳未満の子のない妻は5年間の有期年金となります。
②子（満18歳になる年度の3月末日を過ぎていない場合、心身障害がある場合は20歳未満）
③55歳以上の父母　④孫（子と同様の条件）
⑤55歳以上の祖父母

※年齢に関係なく受給できるのは、夫を亡くした妻のみです。①に該当する夫と、③、⑤に対しては、60歳を迎えた時点で支給を開始します。

中高齢寡婦加算が支給される条件

遺族基礎年金の対象となる子がいない場合……

夫が亡くなった時点で、40歳以上65歳未満であったこと（20代、30代の人は対象になりません）。

子がいる場合……

40歳の時点で遺族厚生年金と遺族基礎年金を受けており、その後、子が遺族基礎年金の対象から外れたために、遺族基礎年金を受給できなくなったこと。

ミニ情報

昭和31年以前生まれの女性は「経過的寡婦加算」が受給可能

中高齢寡婦加算の手続きは、住所地の年金事務所で行います。ただし、受給条件を満たしている人は、遺族厚生年金の手続きの際、自動的に手続きをしてもらえます。また、加算される金額は、年額58万5100円（平成31年度）です。65歳になると、受給者自身が老齢基礎年金を受け取れるため、中高齢寡婦加算は停止しますが、昭和31年3月以前に生まれた人に限っては、代わりに「経過的寡婦加算」が受け取れます。

※昭和61年の年金制度の一部改正により、昭和31年以前に生まれた女性は、老齢基礎年金額が少なくなる状況が発生したため、救済策として、中高齢寡婦加算で受け取っていた金額と同等の年金が継続して支給されます。

遺族厚生年金を受け取れる遺族

優先順位	遺族	遺族年金の種類
1	子のある妻、子のある55歳以上の夫	遺族厚生年金 ＋ 遺族基礎年金
1	子	遺族厚生年金 ＋ 遺族基礎年金
1	子のない妻※	遺族厚生年金 ＋ 中高齢寡婦加算
1	子のない55歳以上の夫	遺族厚生年金
2	55歳以上の父母	遺族厚生年金
3	孫	遺族厚生年金
4	55歳以上の祖父母	遺族厚生年金

※30歳未満で子のない妻は、遺族厚生年金のみ5年間の有期給付になる。子のない40歳未満の妻は、遺族厚生年金のみの給付になる。子のない40歳以上の妻は、夫が亡くなった時点で、40歳以上65歳未満であれば、中高齢寡婦加算を受給できる。

死亡手続き 直後

死亡手続き 年金・健康保険

死亡手続き 必要に応じた手続き

遺産・相続 基礎

遺産・相続 遺言・分割

遺産・相続 名義変更

遺産・相続 申告・納付

基礎年金番号は年金手帳に記載されています。

請求者本人が記入する場合は、押印は不要。本人以外が記入する場合は、請求者の印を押します。

受給する金融機関の証明印をもらってください。ただし、預金通帳を持参すれば証明印は必要ありません。

様式第105号

年金請求書（国民年金・厚生年金保険遺族給付）
〔遺族基礎年金・特例遺族年金・遺族厚生年金〕

○□□□のなかに必要事項を記入してください（○印欄には、なにも記入しないでください）
○黒インクのボールペンで記入してください。鉛筆や、摩擦により温度変化等により消色するインクを用いたペンまたはボールペンは、使用しないでください。
○フリガナはカタカナで記入してください。
○請求者自ら署名する場合は、請求者の押印は不要です。

二次元コード

⑨ 実施機関等

受付年月日

年金コード 1 4

基礎年金番号が付与されていない方は、❶❷欄に個人番号を記入します。
基礎年金番号（10桁）で届出する場合は左詰めで記入ください。
個人番号（マイナンバー）については、10ページをご確認ください。

死亡した方	❶個人番号（または基礎年金番号）	1 2 3 4 5 6 7 8 9 0 1 2
	❷生 年 月 日 明・大㊃平・令 2 2 0 2 1 7	

❸ 記録不要制度 （厚年）（船保）（国共）（国私）（地共）（私学） 送信 ❻作成原因 01 02

❼ 進 達 番 号 ❽ 別紙区分 ⑩ 続 加 ⑪ 重無

氏名 （フリガナ） ヤマダ （氏） 山田 タロウ （名）太郎 性別 ①男 2女

⑫未保 ⑬支局 ⑭受給権者数 ⑮長期 ⑯施加 ⑰沖縄 ⑱旧令

❹個人番号（または基礎年金番号）	9 8 7 6 5 4 3 2 1 0 9 8
❺生 年 月 日 明・大㊃平・令 2 4 1 0 0 1	

請求者

⑩続柄 ◆ 性別 1男 ②女

⑩氏名 （フリガナ）ヤマダ （氏）山田 ハナコ （名）花子 ㊞

⑪住所の郵便番号 1 0 1 0 0 0 0

⑫住所 （フリガナ）シブヤ （市区町村）渋谷 ゴタンダチョウ チョウメ バンチ 五反田町８丁目15番地

＊電話番号1 （ 03 ）－（ 0000 ）－（ 0000 ） ＊電話番号2 （ ）－（ ）－（ ）

社会保険労務士の提出代行者印 ㊞

＊日中に連絡が取れる電話番号（携帯も可）をご記入ください。
＊予備の電話番号（携帯も可）があればご記入ください。

＊請求者が2名以上のときは、そのうちの1人についてこの請求書にご記入ください。
その他の方については、「年金請求書（国民年金・厚生年金保険遺族給付）（別紙）」（様式第106号）に記入し、この年金請求書に添えてください。

年金受取機関
1. 金融機関（ゆうちょ銀行を除く）
2. ゆうちょ銀行（郵便局）

（フリガナ）ヤマダ 口座名義人氏名 （氏）山田 ハナコ （名）花子

㉑㉒金融機関コード ㉓㉔支店コード （フリガナ）エービーシー（銀行 信託 信組 信連 農協 漁協）（氏）ABC （フリガナ）ダイイチ（本店 支店 出張所 本所 支所）第一 ㉕預金種別 1普通 2当座 ㉖口座番号（左詰めで記入） 2 2 2 2 2 2 2

㉗貯金通帳の口座番号 記号（左詰めで記入） 番号（右詰めで記入）

金融機関またはゆうちょ銀行の証明 貯金通帳の口座または貯蓄貯金口座への振込みはできません。

請求者の氏名フリガナと口座名義人氏名フリガナが同一であることを確認してください。

㊞

㉘支払局コード 0 1 0 1 6 0

＊通帳等の写し（金融機関名、支店名、口座名義人氏名フリガナ、口座番号の欄）を添付する場合、証明は不要です。

	氏 名	㉙生 年 月 日	障害の状態	㉚診	進達欄
加算額の対象者または加給金の対象者	（フリガナ）（氏）（名）	昭平 年 月 日	障害の状態に		
	（フリガナ）（氏）				
	（フリガナ）（氏）				

1803 1018 004 105

㋐ あなたは、現在、公的年金制度等（表1参照）から年金を受けていますか。○で囲んでください。

1. 受けている	2. 受けていない	3. 請 求 中	制度名（共済組合名等）	年金の種類

受けていると答えた方は下欄に必要事項を記入してください（年月日は支給を受けることになった年月日を記入してください）。

公的年金制度名（表1より記号を選択）	年金の種類	年 月 日	年金証書の年金コードまたは記号番号等
		・・	
		・・	
		・・	

㉞年金コードまたは共済組合コード・年金種別
1
2
3

㉟他 年 金 種 別

「年金の種類」とは、老齢または退職、障害、遺族をいいます。

㋑履歴（死亡した方の公的年金制度加入経過）
※できるだけくわしく、正確に記入してください。

	(1)事業所（船舶所有者）の名称および船員であったときはその船舶名	(2)事業所（船舶所有者）の所在地または国民年金加入時の住所	(3)勤務期間または国民年金の加入期間	(4)加入していた年金制度の種類	(5)備 考
最初			・・ から ・・ まで	1. 国民年金 2. 厚生年金保険 3. 厚生年金（船員）保険 4. 共済組合等	
2			・・ から ・・ まで	1. 国民年金 2. 厚生年金保険 3. 厚生年金（船員）保険 4. 共済組合等	
3			・・ から ・・ まで	1. 国民年金 2. 厚生年金保険 3. 厚生年金（船員）保険 4. 共済組合等	
4			・・ から ・・ まで	1. 国民年金 2. 厚生年金保険 3. 厚生年金（船員）保険 4. 共済組合等	
5			・・ から ・・ まで	1. 国民年金 2. 厚生年金保険 3. 厚生年金（船員）保険 4. 共済組合等	

必ず記入してください。

(1)死亡した方の生年月日、住所	00 年 00 月 00 日	住所	渋谷区五反田町8番15号

(2) 死 亡 年 月 日	(3)死亡の原因である傷病または負傷の名称	(4) 傷病または負傷の発生した日
00 年 00 月 00 日	心筋梗塞	年 月 日

(5) 傷病または負傷の初診日	(6)死亡の原因である傷病または負傷の発生原因	(7)死亡の原因は第三者の行為によりますか。
00 年 00 月 00 日	不詳	1.　はい　・　②　いいえ

(8)死亡の原因が第三者の行為により発生したものであるときは、その者の氏名および住所	氏 名
	住 所

(9)請求する方は、死亡した方の相続人になれますか。　　　　　①　はい　・　2. いいえ

(10) 死亡した方は次の年金制度の被保険者、組合員または加入者となったことがありますか。あるときは番号を○で囲んでください。

① 国民年金法　　　② 厚生年金保険法　　　3. 船員保険法（昭和61年4月以後を除く）
4. 廃止前の農林漁業団体職員共済組合法　　5. 国家公務員共済組合法　　6. 地方公務員等共済組合法
7. 私立学校教職員組合法　　8. 旧市町村職員共済組合法　　9. 地方公務員の退職年金に関する条例　　10. 恩給法

(11) 死亡した方は、(10)欄に示す年金制度から年金を受けていましたか。	1. はい ② いいえ	受けていたときは、その制度名と年金証書の基礎年金番号および年金コード等を記入してください。	制 度 名	年金証書の基礎年金番号および年金コード等

(12) 死亡の原因は業務上ですか。	(13)労災保険から給付が受けられますか。	(14)労働基準法による遺族補償が受けられますか。
1. はい ② いいえ	1. はい ② いいえ	1. はい ② いいえ

(15)遺族厚生年金を請求する方は、下の欄の質問に答えてください。いずれかを○で囲んでください。

ア	死亡した方は、死亡の当時、厚生年金保険の被保険者でしたか。	1. はい ・ 2. いいえ
イ	死亡した方が厚生年金保険（船員保険）の被保険者若しくは共済組合の組合員の資格を喪失した後に死亡したときであって、厚生年金保険（船員保険）の被保険者または共済組合の組合員であった間に発した傷病または負傷が原因で、その初診日から5年以内に死亡したものですか。	1. はい ・ 2. いいえ
ウ	死亡した方は、死亡の当時、障害厚生年金（2級以上）または旧厚生年金保険（旧船員保険）の障害年金（2級相当以上）若しくは共済組合の障害年金（2級相当以上）を受けていましたか。	1. はい ・ 2. いいえ
エ	死亡した方は平成29年7月までに老齢厚生年金または旧厚生年金保険（旧船員保険）の老齢年金・通算老齢年金若しくは共済組合の退職給付の年金の受給権者でしたか。	1. はい ・ 2. いいえ
オ	死亡した方は保険料納付済期間、保険料免除期間および合算対象期間（死亡した方が大正15年4月1日以前生まれの場合は通算対象期間）を合算した期間が25年以上ありましたか。	1. はい ・ 2. いいえ

①アからウのいずれか、またはエ若しくはオに「はい」と答えた方
　⇒(16)にお進みください。

②アからウのいずれかに「はい」と答えた方で、エまたはオについても「はい」と答えた方
　⇒右欄の□のうち、希望する欄に☑を付けてください。

　□ 年金額が高い方の計算方法での決定を希望する。

　□ 指定する計算方法での決定を希望する。
　　　⇒右欄のアか

(16)死亡した方が共済組

ア	死亡の原因は、公
イ	請求者は同一事由
	ますか。

生 計 維 持 証 明

㊥	右の者は、死亡者と生計を同じくしていたこと、および配偶者と子が生計を同じくしていたことを申し立てる。○○○○○○		氏 名	続 柄
生計同一関係	令和 00 年 00 月 00 日		山田花子	妻
	請求者 住 所 渋谷区五反田町8丁目15番地 ○○○○○○	請求者		診
	氏 名 山田花子			
	（請求者との関係）			

(注) 1. この申立は、民生委員、町内会長、事業主、年金委員、葬主などの第三者（第三者には、民法上の三親等内の親族は含まれません。）の証明に代えることができます。
　　2. この申立（証明）には、世帯全員の住民票（コピー不可）を添えてください。
　　3. 請求者が申立てを行う際に自ら署名する場合は、請求者の押印は不要です。

㊦	1. この年金を請求する方は次に答えてください。		※確認印	＊年金事務所の確認事項
収入関係	(1)請求者(名 花子)について年収は、850万円未満ですか。	はい・いいえ	( )印	ア. 健保等被扶養者（第三号被保険者）
	(2)請求者(名)について年収は、850万円未満ですか。	はい・いいえ	( )印	イ. 加算額または加給年金額対象者
	(3)請求者(名)について年収は、850万円未満ですか。	はい・いいえ	( )印	ウ. 国民年金保険料免除世帯
	2. 上記1で「いいえ」と答えた方のうち、その方の収入が			エ. 義務教育終了前
	この年金の受給権発生当時以降おおむね5年			オ. 　　　　　在学中
	万円未満となる見込みがありますか。			カ. 　　・非課税証明等

(申) 平成6年11月8日までに受給権が発生している方は　　　　　年　　月　　日 提出

死亡手続き
直後

死亡手続き
年金・健康保険

死亡手続き
必要に応じた手続き

遺産・相続
基礎

遺産・相続
遺言・分割

遺産・相続
名義変更

遺産・相続
申告・納付

「死亡診断書」を参考にしましょう。

交通事故など、死因が第三者による場合は、別途書類が必要になることがあります。窓口に申し出ましょう。

住民票など、故人と生計を同じくしていたことを証明する書類が必要になります。

該当する部分のみ記入してください。

故人と同居していた場合は、取り消し線を入れましょう。

請求者本人が記入する場合は、押印は不要。本人以外が記入する場合は、請求者の印を押します。

医療費が高額だった場合…
「高額療養費支給申請書」の手続き

▶ 故人の医療費の自己負担が高額だった場合は、その一部を払い戻せます。

▶ 亡くなったあとでも**2年以内**であれば請求できます。

期限内であれば
亡くなったあとでも請求可能

医療機関で支払った1カ月の金額が、自己負担額の上限を超えた場合は、超えた金額を払い戻せます。これを「高額療養費制度」といいます。支給対象になると、医療費を支払った2〜3カ月後に、市区町村の役所や健康保険組合などから通知が送付されるので、それに従って「高額療養費支給申請書」を提出します。

支給の対象となるのは、保険適用の診療に対して、実際に支払った自己負担額となります。入院時の食費や差額ベッド代、先進医療にかかる費用などは対象となりません。複数の医療機関にかかっていた場合は、同じ月内であれば、金額を合算することができます。

ミニ情報

1カ月の自己負担額の上限は？

上限は年齢や所得などに応じて定められています。70歳未満の場合は、報酬月額により（ア）81万円以上、（イ）51万5000円以上〜81万円未満、（ウ）27万円以上〜51万5000円未満、（エ）27万円未満、（オ）市区町村民税の非課税者等の5つに区分し、上限の金額が決定されます（平成27年1月診療分から）。

一方、70歳以上75歳未満の場合は、①現役並み所得者（標準報酬月額28万円以上〜の中で3段階に分かれる）、②一般所得者（①③以外の人）、③市区町村民税の非課税者等などに分かれます（平成30年8月診療分から）。

また、同じ世帯で直近12か月の間、4回以上自己負担額を超えてしまったら、4回目から自己負担額が軽減されて、一定の金額になります（「多数該当」という）。

高額療養費支給申請書	
届け出人	遺族
届け出先	市区町村の役所、年金事務所、健康保険組合
期限	領収書の期限から2年以内
持ち物	□健康保険証 □医療費の領収書 □印鑑

死後
直後

死亡手続き
年金・健康保険

必要に応じた手続き 基礎

遺産・相続
遺言・分割

遺産・相続
名義変更

遺産・相続
申告・納付

高額療養費支給申請書（記入例）

<small>こうがくりょうようひ しきゅう しんせいしょ</small>

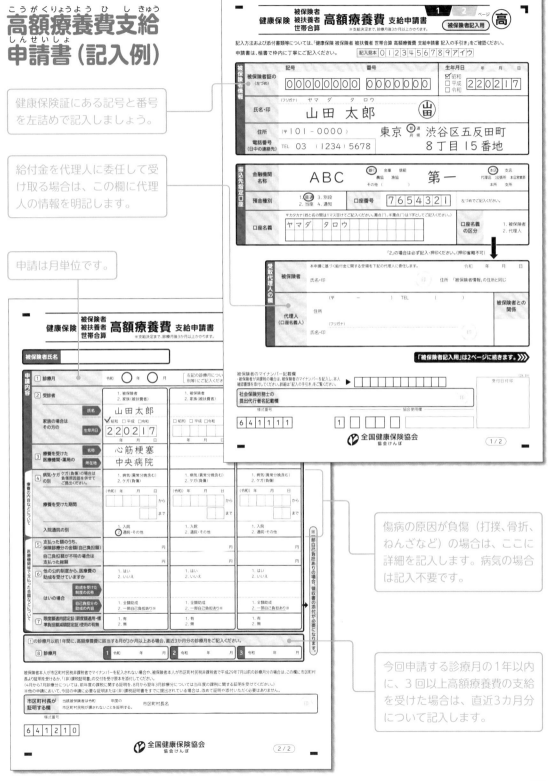

健康保険証にある記号と番号を左詰めで記入しましょう。

給付金を代理人に委任して受け取る場合は、この欄に代理人の情報を明記します。

申請は月単位です。

傷病の原因が負傷（打撲、骨折、ねんざなど）の場合は、ここに詳細を記入します。病気の場合は記入不要です。

今回申請する診療月の1年以内に、3回以上高額療養費の支給を受けた場合は、直近3カ月分について記入します。

国民健康保険葬祭費か健康保険 埋葬料(費)の支給の申請手続き

これが
重要!

▶ 申請することで葬儀の費用として一定の給付金が支給されます。

▶ 国民健康保険葬祭費支給は、**葬儀から2年以内**が期限です。

▶ 健康保険埋葬料(費)支給は、**死亡から2年以内**が期限です。

国保や健康保険から 「葬祭費」「埋葬料」を受け取る

　公的な健康保険に加入していると、被保険者や家族が亡くなったときに、**葬儀の費用として一定の給付金が支給**されます。自らの申請により支給される給付金なので、忘れずに手続きを行いましょう。健康保険の資格喪失届と一緒に申請すると、請求もれや手間を省けます。

国保、後期高齢者 医療制度の加入者

　葬儀の翌日から2年以内に申請すれば、喪主やそれに準ずる人が「葬祭費」を受け取れます。支給金額は、加入先や市区町村によりますが、相場は数万円程度です。

国民健康保険葬祭費支給申請書	
届け出人	喪主か、それに準ずる人
届け出先	市区町村の役所
期限	葬儀から2年以内
持ち物	□国民健康保険証 □印鑑 □振込先口座番号 □葬儀の領収書 など

ミニ情報

葬祭費の呼び方

　呼び方は、自治体により「葬祭費」や「埋葬料」などと異なることがあります。また、地域によって「葬儀代」など、他の名目で補助金が出るケースもあります。

国保以外の健康保険の加入者

　故人が国保以外の健康保険加入者、またはその資格を失って3カ月以内に死亡したら、生計を同じくしていた喪主が「埋葬料」を受け取れます。金額は給与（標準報酬月額）の1カ月分。最低額として、10万円が保証されています。請求期限は死亡から2年以内です。故人が扶養家族だった場合には、被保険者本人に「家族埋葬料」が支給されます。　**書き方▶ p.60**

健康保険埋葬料(費)支給申請書	
届け出人	生計を同じくしていた喪主
届け出先	年金事務所、勤務先の健康保険組合
期限	死亡から2年以内
持ち物	□健康保険証　□印鑑 □埋葬許可証か死亡診断書(コピー) □振込先口座番号 □葬儀の領収書　□住民票

国民健康保険葬祭費支給申請書（記入例）

直後 死亡手続き

死亡手続き 年金・健康保険

必要に応じた手続き 死亡手続き

基礎 遺産・相続

遺言・分割 遺産・相続

名義変更 遺産・相続

申告・納付 遺産・相続

> 故人（被保険者）についての情報を記入しましょう。

第３２号様式（第３２条関係）国民健康保険葬祭費支給申請書

被保険者証	記　号	００００	番　号	００００	令和 ００ 年 ００ 月 ００ 日	
世帯主	住　所	渋谷区五反田町８丁目１５番地				
	氏　名	山田花子				
死亡者	氏　名	山田太郎				
	生年月日	昭和２２年２月１７日				
死亡年月日		令和 ００ 年 ００ 月 ００ 日				
葬祭年月日		令和 ００ 年 ００ 月 ００ 日				
葬祭を行う者と死亡者との続柄		妻				
支給申請額		金　５０，０００円				

> 故人（被保険者）の生年月日を記入します。

> 申請者の情報を明記します。

次の金融機関に振り込んでください。

振込先	金融機関名	ABC	銀　行 / 信用金庫 / 信用組合 / 協同組合	第一本店	（店番　　　）
	口座番号	普通 / 当座 / 貯蓄	２２２２２２２	フリガナ　ヤマダ ハナコ 口座名義人　山田 花子	

上記のとおり支給を受けたいので、申請します。

令和 ００ 年 ００ 月　　００ 日

〒 101-0000
住　所　渋谷区五反田町８丁目１５番地

申請者（喪主）　氏　名　山田 花子　　　（押印省略）

電　話　　　（ 03 ）1234-5678

○○市長　あて

※亡くなった人と喪主が別世帯の場合、申請者が喪主であることの確認がとれる資料を添付してください。

確認資料
□ 領収書　会葬礼状（いずれか一つ）　□ 委任状

健康保険埋葬料（費）支給申請書（記入例）

申請者の情報を明記します。

健康保険　被保険者 / 家族　埋葬料（費）支給申請書

記入上の注意事項

① 被保険者証の記号・番号	記号　0000　番号　0000	② 被保険者（申請者）の氏名と印	山田花子	③	山（印）

④ 被保険者（申請者）の現住所　〒101-0000　渋谷区五反田町8丁目15番地　電話　03（1234）5678

⑤ 被保険者の勤務する（していた）事業所の名称　ABC機器販売（株）

⑥ 死亡した年月日	令和00年00月00日	⑦ 死亡した原因	心筋梗塞

⑧ 第三者の行為によって死亡したものであるか否か	ある　**ない**	第三者の行為によって負傷したときは	第三者行為による傷病届の提出の有無	ある　ない
			第三者の氏名	
			第三者の住所	

⑨ 被保険者が死亡したための申請であるときは、その被保険者の

故人（被保険者）の名前を記入しましょう。

(イ)氏名	山田太郎	(ロ)生年月日	令和・平成・昭和　22年　2月17日	(ハ)申請者との続柄	
(ニ)埋葬した年月日	令和00年00月00日	(ホ)埋葬に要した費用	金　　　　円（別紙証拠書のとおり）		

⑩ 被扶養者が死亡したための申請であるときは、その被扶養者の

死亡したのが被扶養者だった場合は、この欄に記入します。

(イ)氏名		(ロ)生年月日	令和・平成・昭和　年　月　日	(ハ)被保険者との続柄	

⑪ 介護保険法のサービスを受けていたとき	市町村番号		受給者番号		発行機関名	

---

⑫ 死亡した者の氏名	山田太郎	⑬ 死亡した者の区分	**被保険者**・被扶養者

⑭ 死亡した年月日　令和00年00月00日　死亡

うえのとおり相違ないことを証明します。　　　令和00年00月00日

⑮住所　大田区野川5番2号　　　　⑰ ABC機器販売株式会社（印）

事業主

⑯氏名　田中正

令和　　年　　月　　日　提出　　　　　受付日付印

事業主の証明を受ける必要があります。

委任状

本請求に基づく給付金に関する受領を代理人に委任します。

令和　　年　　月　　日

被保険者（申請者）	住所	⑱
	氏名	（印）
代理人	住所	⑲
	氏名	（印）

3章

必要に応じて
行う手続き

提出期限 14日以内

亡くなった人が世帯主だった場合…
「世帯主変更届」の手続き

これが重要!

▶ 住民票上の各世帯には、世帯の代表者として**世帯主**が定められています。
▶ 故人が世帯主だった場合は**世帯主変更届**で住民票の登録を変更します。

今後家計を支える人が 新たな世帯主となる

　世帯主を変更する際、**新たに世帯主になれるのは世帯の家計を支えていく人です。**たとえば夫、妻、子どもという家族構成で、世帯主である夫が亡くなり今後は妻の収入で生活を維持するのであれば、妻が世帯主になります。一方、夫、妻、長男の世帯で世帯主の夫が亡くなり、長男の生計で生活を維持するのであれば、長男が世帯主になるのです。

こんなときは

世帯主が亡くなり、 ひとり親家庭に なってしまった

　親のどちらかが亡くなり、残された親が1人で仕事と子育てを行う場合、状況によって「児童扶養手当」が受けられます。

「児童扶養手当」については▶ p.64

世帯主変更届（住民異動届）

届け出人	新たな世帯主または世帯員、もしくは代理人
届け出先	新たに世帯主となる人が居住する市区町村の役所
期限	14日以内
持ち物	□健康保険証 □印鑑 □マイナンバーカード、または**本人確認資料**（運転免許証など） □委任状など（代理人の場合） ※各市区町村によって異なるので、窓口で確認してみましょう。

ミニ情報

「世帯主変更届」の提出が 不要なケース

　たとえば、2人暮らしの夫婦のうち、世帯主である夫が亡くなった場合は、残された妻が自動的に世帯主となります。また、父親が亡くなり遺族が母親と小さな子どもの場合は、母親が世帯主となるのは明らかなので、世帯主変更届を提出する必要はありません。死亡届を出した段階で、住民票の記載内容が変更されます。

届け出に使う用紙は、市区町村によって違うこともありますが、
結婚や引っ越しの際に提出する
「住民異動届」と同じであることがほとんどです。

死亡手続き　直後

死亡手続き　年金・健康保険

死亡手続き　必要に応じた手続き

遺産・相続　基礎

遺産・相続　遺言・分割

遺産・相続　名義変更

遺産・相続　申告・納付

世帯主変更届（住民異動届）（記入例）
せ たいぬしへんこうとどけ

変更届を選択します。

日本人世帯用		住民異動届	窓口に来た方の本人確認をさせていただきます。(運転免許証、パスポート、個人番号カード等)代理人による届出は、委任状、異動者本人の本人確認書類の写し外国人との混合世帯の方は、外国人住民用の用紙をお使いください。太線の中をお書きください。自署した場合、押印は必要ありません。	
（宛先）〇〇区長				

| 異動(予定)日又は変更の日(実際に引越しをした(する)日) | 00 年 00 月 00 日 | 届出日 | 00 年 00 月 00 日 | 届出人氏名 | 中村夏子 (中村) |

届出の種類を〇で囲んでください。
1　転入届（区外から中央区に引越された方）
2　転居届（中央区内で引越された方）
3　転出届（中央区から区外へ引越される方）
④　変更届（世帯主又は世帯を変更される方）
5　その他[　　　　　　]

連絡先　〔自宅・携帯・勤務先〕　03（ IIII ）IIII
異動者との関係　本人・世帯員・代理人

| 新しい住所 | 東京都港区千駄町7番10号 | フリガナ世帯主 | ナカムラナツ コ　中村夏子 |
| 今までの住所 | 同上 | フリガナ世帯主 | ナカムラ ハル オ　中村春男 |

本人確認欄
□運転免許証
□個人番号カード等
□健康保険証
□パスポート
□その他（　　　）

異動区分　全部・一部
□転入　□転居　□転出
□特例転入　□特例転出
□その他（　　　）

異動した（する）人全員を記入してください。

番号	フリガナ 氏名	生年月日	性別	続柄	通知カード	個番カード	住基カード	住民票コード 等	国保	児童	個人番号カード等	備考
1	ナカムラ ナツ コ　中村夏子	明・大・㉞・平・令　46 8 27	男・㊛	本人	有・無 記載変更・後更変	有・無	有・無	カード申請書 M・T □	有・無	有・無 更新 記載	印鑑登録カード 回収　登録番号（　）　通知カード 返納・不要　個番カード 紛失・再交付	
2	ナカムラ フユ ミ　中村冬美	明・大・昭・㉕・令　13 7 16	男・㊛	子	有・無 記載変更・後更変	有・無	有・無	カード申請書 M・T □	有・無	有・無 更新 記載	印鑑登録カード 回収　登録番号（　）　通知カード 返納・不要　個番カード 紛失・再交付	
3	ナカムラ アキ ヒコ　中村秋彦	明・大・昭・㉕・令　15 1 15	㊚・女	子	有・無 記載変更・後更変	有・無	有・無	カード申請書 M・T □	有・無	有・無 更新 記載	印鑑登録カード 回収　登録番号（　）　通知カード 返納・不要　個番カード 紛失・再交付	
4		明・大・昭・平・令　年 月 日	男・女		有・無 記載変更・後更変	有・無	有・無	カード申請書 M・T □	有・無	有・無 更新 記載	印鑑登録カード 回収　登録番号（　）　通知カード 返納・不要　個番カード 紛失・再交付	
5		明・大・昭・平・令　年 月 日	男・女		有・無 記載変更・後更変	有・無	有・無	カード申請書 M・T □	有・無	有・無 更新 記載	印鑑登録カード 回収　登録番号（　）　通知カード 返納・不要　個番カード 紛失・再交付	

新・旧世帯			教育					
氏 名	新続柄	旧続柄	No.	在学校名	学年	転校		
					小・中 年	有・無	備考	
					小・中 年	有・無		
					小・中 年	有・無		
					小・中 年	有・無		

図・便利帳・住・印登・印証・誘・待・帰
CS確認・本籍地確認

受付	入力	確認	教育

世帯員を記入します。

15歳以上の子がいるときは変更届の提出が必要です。

新世帯主と旧世帯主を記入します。

63

故人が世帯主で母子家庭になった場合…
「児童扶養手当認定請求書」の手続き

これが
重要!

▶ ひとり親家庭になったら児童扶養手当の申請をします。
▶ 手当の支給を受ける扶養義務者（同居の親族）には所得制限があります。

■ 受給対象者の所得によって
支給金額が決まる

　ひとり親の家庭では、母親もしくは父親が1人で家計を支えると同時に、家事や子育ても行わなくてはなりません。ふたり親の家庭に比べると、ひとり親のほうがさまざまな面で負担が大きくなります。**児童扶養手当とは、ひとり親家庭の生活や自立を支援し、子どもの福祉を充実させるための手当です。**

　児童扶養手当は、扶養する家族等の人数によって、所得制限が設けられています。受給対象者の所得によって、「全部支給」「一部支給」「支給対象外」のどれに該当するか、判断されます。支給される期間は、子どもが18歳になる年度末まで※となります。

※子どもに障害がある場合は、その程度によって児童扶養手当の支給期間が20歳未満までになることもあります。

児童扶養手当認定請求書	
届け出人	養育者（父・母）
届け出先	市区町村の役所
期限	14日以内
持ち物	□戸籍謄本 □住民票 □所得証明書 □通帳 □印鑑 など

支給額は子どもの人数によって加算される

　全部支給の場合は、月額4万2500円、一部支給の場合は月額1万30円～4万2490円（所得により異なる）が支給されます（平成30年度）。子どもが2人いる場合には1人目の支給額に加算され（全部支給の場合は1万40円、一部支給の場合は5020円～1万30円）、3人目以降は2人目の加算額にさらに加算されていきます（全部支給の場合は6020円、一部支給の場合は3010円～6010円）。

※所得制限の限度額や、控除される所得は個々の事情により異なりますので、詳しくは市区町村で確認が必要です。

児童扶養手当認定請求書（記入例） ※見開きの1枚の用紙を分けて掲載しています。

直後　死亡手続き

年金・健康保険　死亡手続き

必要に応じた手続き　死亡手続き

基礎　遺産・相続

遺言・分割　遺産・相続

名義変更　遺産・相続

申告・納付　遺産・相続

児童扶養手当は申請しないと
支給されません。
原則として申請した日の
翌月分から支給されます。

第1号様式（第3条関係） （表　面）

児 童 扶 養 手 当 認 定 請 求 書

(1)フリガナ 氏名・性別	ナカムラ ナツコ 中村夏子 男・女	(2)生年月日 46 ・ 8 ・27	(3)障害の有無　ある・（なし）
		(4)配偶者の有無　ある・（なし）
		(5)個人番号

| (6)住所 | 〒 港区千駄町7番10号 TEL 03（1111）1111 | (7)金融機関等 | 銀行等名 いろは銀行 | 口座種類 普通・当座 |
| | | | 支店等名 南支店 | 口座番号 |

| (8)職業又は勤務先名 | TEL（　） | (9)勤務先所在地 |

| (10)公的年金の受給状況 | 受けることができる　種類（　）　支給停止　年額　基礎年金番号・年金コード　受けることができない | (11)児童の父又は母の死亡による遺族補償の受給状況 | 受けることができる　種類（　）　年額　円　基礎年金番号・年金コード | 養育費の授受の有無　ある・ない |

	フリガナ	ナカムラ フユミ	ナカムラ アキヒコ	
(12)児童の氏名	中村冬美	中村秋彦	（平成　　生）
(生年月日)	（平成13・7・16生）	（平成15・1・15生）	
(13)個人番号			
(14)請求者との続柄・同別	同居・別居	同居・別居	同居・別居
(15)監護等を始めた年月日	平成 13・7・6	平成 15・1・15	平成
(16)障害の状態の有無	ある・（なし）	ある・（なし）	ある・ない
(17)母の状況について（該当するものに○をする）	離婚・（死亡）・障害・生死不明・拘禁・未帰・子　保護命令　リモ他（平成）	離婚・（死亡）・障害・生死不明・拘禁・未帰・子　保護命令　リモ他（平成）	離婚・死亡・障害・生死不明・拘禁・未帰・子　保護命令　リモ他（平成）

(18)	氏　名			
児童の父について	生年月日	・ ・	・ ・	・ ・
	現在父が死亡・生死不明・拘禁のときは、その該当事由及び死亡当年月日	平成　　該当年月日　非該当年月日	平成　　該当年月日　非該当年月日	平成　　該当年月日

(19)	氏　名			
母について	生年月日	・ ・	・ ・	・ ・
	現在母が死亡・生死不明・拘禁のときは、その該当事由及び死亡当年月日	平成　　該当年月日　非該当年月日	平成　　該当年月日　非該当年月日	平成　　該当年月日

| (20)児童が父若しくは母の死亡による遺族補償の受給状況又は児童が障害の対象となっている父又は母の公的年金の受給状況 | 受けることができる　種類（　）　支給停止　年額　受けることができない　基礎年金番号年金コード | 受けることができる　種類（　）　支給停止　年額　受けることができない　基礎年金番号年金コード | 受けることができる　種類（　）　支給停止　年額　受けることができない　基礎年金番号年金コード |

文又は母が身体障害者のとき	(21)身体障害者手帳の番号及び障がい等級		
	公的年金の種類・障がい等級・基礎年金番号・年金コード		
	再請予定年月		
	文又は母の職業又は勤務先		

| 番号 | 支給開始年月 | 対象児童数 | 支給停止 | 手当月額 | 証書番号 |
| | 平成　年　月　人 | 全部停止　一部停止　全部停止 | 平成　年　月から　円 | 第　　号 |

裏面の注意をよく読んでから記入してください。※印の欄は記入する必要がありません。※1住所はっきり書いてください。記名押印に代えて署名すること…

あなたと、あなたの配偶者・同居している扶養義務者の所得について

	(23)請求者	(24)配偶者	(25)扶養義務者（請求者との続柄）
(14)(15)	人	人（老人扶養親族の数）	人（老人扶養親族の数）
	人	人（老人扶養親族の数）	人（老人扶養親族の数）
	本人控除・（　人）	本人控除・（　人）	本人控除・（　人）
	本人控除・（　人）	本人控除・（　人）	本人控除・（　人）
	意・嘉特・勤	意・嘉特・勤	意・嘉特・勤

(36)			円		円		円
(37)児童扶養手当法施行令第1条第1項による所得額（社会保険料相当額）			8 0 0 0 0		円		円
(38)控除後の所得額			円		円		円
所得制限限度額	全部支給 一部支給			

関係書類を添えて、児童扶養手当の受給資格の認定を請求します。

　　　　00 年　　00 月　　00 日

氏名　　中村夏子　　　㊞（中村）

　　　　　　　　　　　　様

| 審査者 | 公的年金照合　あり　種類（　）　なし | (1)～(20)の欄及びその他の記載事項　身分及び(5)を含む持続関係の確認　あり・なし |
| | 年　月　日　担当者氏名 | (22)～(38)の欄の記載事項　課税台帳との突合　あり・なし |

㋑貼	イ 事実婚解消の申立書・証明　ロ 診断書・X線フィルム　ハ 生死不明証書　ニ 遺棄申立書・証明・遺棄調書
添付書類	ホ 拘禁の証明書　ヘ 養育費等に関する申告書　ト 保護命令決定書　チ 公的年金給付等受給証明書
㋺住民	養育申立書・証明、別居監護申立書・証明、前住地の所得証明書、児童扶養手当請求関係調書、預金通帳の写し
	公的年金調書、その他（　）

| 備考 |

※できます。

請求者が父親の場合は母親について、母親の場合は父親について記入します。

対象となる子どもの名前を記入しましょう。

生計を同じくしている父母、祖父母等がいる場合は、ここに記入します。

| 提出期限 なし | 配偶者の死後、旧姓に戻る場合… |

配偶者の死後、旧姓に戻る場合…
「復氏届」の手続き

これが重要！

▶ 原則として「復氏届」は「死亡届」提出後なら、いつでも提出できます。
▶ 子どもは復氏届では旧姓に戻れないので「子の氏の変更許可申立書」が必要。

■ 姓の変更手続きは 届け出の期限がない

結婚して姓が変わった人は、配偶者の死亡によって婚姻関係が解消されたとき、そのままの姓を名乗るか、旧姓に戻るかを、自分の意思で決めることができます。家庭裁判所の許可や、故人の親族の同意は必要ありません。

届け出に期限はないため、配偶者の死亡届を出せばいつでも届け出ができ、届け出が受理されたその日から、旧姓を名乗れます。ただし、亡くなった配偶者が外国人であった場合は、復氏届は亡くなった翌日から3カ月以内に提出しましょう。

復氏届	
届け出人	配偶者
届け出先	市区町村の役所
期限	なし
持ち物	□戸籍謄本（結婚前の姓に戻る場合は実家の戸籍謄本も） □印鑑

ミニ情報

新しい戸籍をつくることもできる

結婚前の戸籍に戻る場合には、実家の戸籍謄本も併せて提出します。結婚前の戸籍に戻らない場合や、すでに除籍されている場合は、新しい戸籍をつくることができます。

旧姓に戻っても、配偶者との親族関係はそのまま残る

復氏届によって旧姓に戻っても、親族関係は残り扶養義務や姻族としての権利も、継続されることになります。義理の親子関係や親戚関係であることは変わりません。縁を切りたい場合は、「姻族関係終了届」を提出します。

こんなときは 故人との間に子どもがいる場合

復氏届で旧姓に戻れるのは、本人だけです。子どもの姓や戸籍は今までのままなので、本人の戸籍には入れません。そのためには別途、手続きが必要になります。

姻族関係終了届 ▶ P.69

子の氏の変更許可申立書 ▶ P.71

復氏届（記入例）

死亡手続き

直後　死亡手続き

年金・健康保険　死亡手続き

死亡手続き
必要に応じた手続き

基礎　遺産・相続

遺言・分割　遺産・相続

名義変更　遺産・相続

申告・納付　遺産・相続

復氏する方の届け出時の本籍を記入します。

現在の氏名を記入しましょう。

復氏しようとする氏（結婚前の氏）を記入。

届け出の時点では復氏できていないので、結婚時の氏名で提出します。

復　氏　届	受理　令和　　年　　月　　日		発送　令和　　年　　月　　日	
	第　　　　　　号			長印
令和　　年　　月　　日届出	送付　令和　　年　　月　　日			
	第　　　　　　号			
長殿	書類調査　戸籍記載　記載調査　附票　住民票　通知			

	（よみかた）	なかむら	なつこ	
復氏する人の氏　名	氏 中村	名 夏子		昭和46年 8月 27日生
住　所（住民登録をしているところ）	東京都中央区新町　　　　　8番地 1号			
	世帯主の氏名 中村夏子			
本　　籍	東京都港区千駄町　　　　　7番地10号			
	筆頭者の氏名 中村春男			

字訂正字加入字削除	
届出印	

復する氏父母の氏名父母との続き柄	氏（よみかた）さとう	父 五郎	続き柄
	佐藤	母 和子	長 □男 ✓女

復氏した後の本　籍	✓もとの戸籍にもどる　□新しい戸籍をつくる　（よみかた）		
	東京都中央区新町　　8番地1号	筆頭者の氏名 佐藤 五郎	

死亡した配偶者	氏名 中村春男	00年 0月 0日死亡

そ の 他	

届出人署名押印	中村夏子　　　　　　㊞（中村）

住定年月日　　　・　　・

日中連絡のとれるところ
電話（　　　）
自宅　勤務先　呼出（　　　方）

配偶者の死後、配偶者の親戚と縁を切る場合…
「姻族関係終了届」の手続き

これが重要！

▶ 「姻族関係終了届」は、本人の意思だけで提出できます。

▶ 子どもと亡くなった配偶者の姻族関係は変わりません。

書類の提出のみで親戚関係を終了できる

結婚をすると、配偶者の父母や兄弟との間に「姻族」という関係が生まれます。姻族とは、配偶者の血族のことで、実際に血のつながりはなくても、結婚によって親戚となったことを意味します。

姻族の関係は、離婚をした際には自動的に消滅しますが、配偶者が亡くなったときは、そのまま継続するのが特徴です。もし、配偶者が亡くなったことで、姻族の縁を切りたい場合には、住所地の市区町村の役所に「姻族関係終了届」を提出することで、可能となります。届け出に期限はなく、配偶者の死亡届が受理されていれば、いつでも提出できます。

また、姻族関係終了届を提出した場合でも、相続した配偶者の遺産を返却する必要はありません。

姻族関係終了届	
届け出人	配偶者
届け出先	市区町村の役所
期限	なし
持ち物	□身分証明書 □戸籍謄本 □印鑑など ※持ち物は市区町村によって異なるので、事前に確認しましょう。

こんなときは
戸籍を別に移したい場合には？

戸籍はそのままの状態になっているため、「姻族関係終了届」と併せて「復氏届」（▶ p.67）を提出して、旧姓に戻る手続きが必要になります。

ミニ情報

本人の意思で自由に決めることができる

姻族関係を終わらせることに、配偶者の血族の同意は必要ありません。また、家庭裁判所への申立ても必要ありません。姻族関係終了届を提出し、配偶者の血族との親戚関係が終了すると、配偶者の父母や兄弟姉妹などの扶養義務はなくなります。

姻族関係終了届（記入例）

死亡手続き 直後

死亡手続き 年金・健康保険

死亡手続き 必要に応じた手続き

遺産・相続 基礎

遺産・相続 遺言・分割

遺産・相続 名義変更

遺産・相続 申告・納付

姻族関係終了届	受理 令和 年 月 日		発送 令和 年 月 日
	第 号		
令和 年 月 日届出	送付 令和 年 月 日		長 印
	第 号		
長 殿	書類調査 戸籍記載 記載調査		

現在の住所を記入しましょう。

（よみかた）	なかむら	なつこ	
姻族関係を終了させる人の氏名	氏 中村	名 夏子	昭和46年 8月 27日生
住　所（住民登録をしているところ）	東京都中央区新町	8 番地番 1 号	
	世帯主の氏名		
本　籍	東京都港区千駄町	7 番地番 10号	
	筆頭者の氏名 中村春男		
死亡した配偶者	氏名 中村春男	00年 0月 0日死亡	
	本籍 東京都港区千駄町	7 番地番 10号	
	筆頭者の氏名 中村春男		
そ の 他			
届出人署名押印	中村夏子 　　　　㊞		

字訂正
字加入
字削除

届出印

届出人の本籍を記入します。

日中連絡のとれるところ
電話（　　）
自宅　勤務先　呼出（　　方）

子の姓と戸籍を親の旧姓に変更するときには
「子の氏の変更許可申立書」

これが重要！

▶「子の氏の変更許可申立書」を提出することで子どもの姓を変更できます。
▶届け出先は家庭裁判所です。

子どもの姓を変更するには
家庭裁判所への申立てが必要

　配偶者が亡くなり、親が旧姓に戻ったとしても、子どもの姓や戸籍はその影響を受けません。したがって、親と子どもの姓や戸籍が異なる状況になります。すると実際の生活上でさまざまな不便が出てくるため、子どもも親と同じ戸籍に入れる手続きが必要になります。

　子どもの姓を変更するには、子どもの住所地にある家庭裁判所に、「子の氏の変更許可申立書」を提出します。姓を変更しようとする子どもが15歳以上の場合には、子ども本人が申立人となります。しかし、実際には法定代理人である親権者が代理で申立てを行うことがほとんどのようです。

子の氏の変更許可申立書

届け出人	子（15歳以上の場合）か親権者
届け出先	家庭裁判所
期限	なし
持ち物	□子と親それぞれの戸籍謄本

こんなときは

一緒に生活している
親子の戸籍が異なる場合

　申立ては、ほぼ確実に許可が出ます。姓の変更が認められると、家庭裁判所から「審判書」が交付されるので、子どもの「入籍届」と併せて市区町村の役所に提出すれば、戸籍変更の手続きは無事に完了します。

ミニ情報

子どもが15歳未満の場合

　子どもが15歳未満の場合には、親権者が申立てを行うことになります。こうした経緯で子どもの姓を変更した場合には、子どもが成年になって1年以内であれば、元の姓に戻すことが可能です。

子の氏の変更許可申立書（記入例）

死亡手続き 直後

死亡手続き 年金・健康保険

死亡手続き 必要に応じた手続き

遺産・相続 基礎

遺産・相続 遺言・分割

遺産・相続 名義変更

遺産・相続 申告・納付

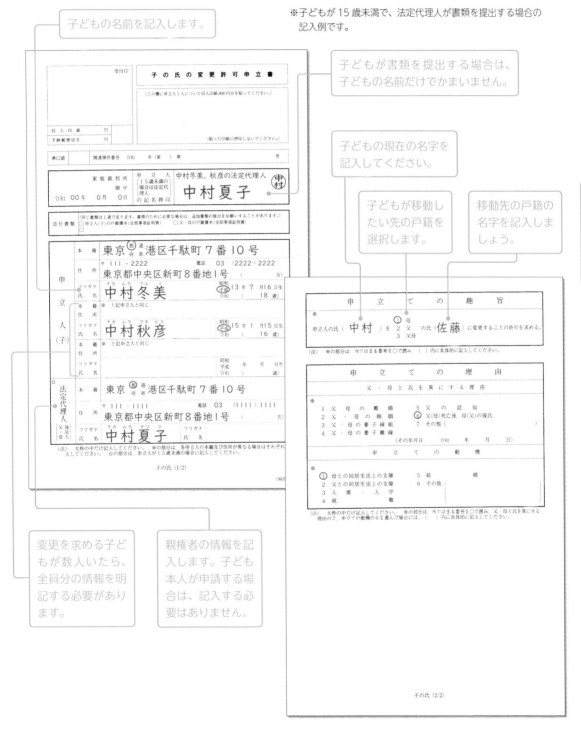

※子どもが15歳未満で、法定代理人が書類を提出する場合の記入例です。

子どもの名前を記入します。

子どもが書類を提出する場合は、子どもの名前だけでかまいません。

子どもの現在の名字を記入してください。

子どもが移動したい先の戸籍を選択します。

移動先の戸籍の名字を記入しましょう。

変更を求める子どもが数人いたら、全員分の情報を明記する必要があります。

親権者の情報を記入します。子ども本人が申請する場合は、記入する必要はありません。

仕事が原因で亡くなった場合…
「遺族（補償）年金支給請求書」の手続き

これが重要！

▶ 会社員（労働者）が、業務中や通勤中の災害が原因で亡くなると、**労災保険**が適用されます。

▶ 遺族は**遺族（補償）給付**や**葬祭料（葬祭給付）**を受け取れます。

故人との関係性によって受給内容が決まる

遺族（補償）給付は、「遺族（補償）年金」と「遺族（補償）一時金」のいずれかを受け取れます。

遺族（補償）年金の受給資格者は、妻以外は障害のある遺族や、一定の年齢の子、夫、父母、兄弟などです。支給額は遺族の人数によって異なり、給付基礎日額（亡くなる前3カ月間の、賃金を日割り計算した額）の153日分（1人）から245日分（4人以上）です。このほか、「遺族特別支給金（一時金）」と「遺族特別年金」も支給されます。

遺族（補償）年金の受給資格者がいない場合、または受給資格者が失権した場合に、遺族に遺族（補償）一時金が支給されます。受給資格者がいない場合、支給金額は給付基礎日額の1000日分、受給権者が失権した場合は、これ以外の年金や一時金の合計が1000日分に満たなければ、その額との差額が支給されます。

遺族（補償）年金支給請求書	
届け出人	支給要件に該当する人
届け出先	労働基準監督署
期限	5年以内
持ち物	□死亡診断書か死体検案書（コピー） □戸籍謄本 □源泉徴収票 □住民票

故人の勤務先に連絡する

手続きは、勤務先管轄の労働基準監督署で行いますが、まずは勤務先に連絡し、労災であることを雇用主に証明してもらいましょう。

ミニ情報

「葬祭料」の手続きの期限は2年以内

仕事が原因で亡くなった場合、実際に葬祭を執り行う人に「葬祭料」が支給されます。遺族補償年金や遺族（補償）一時金と一緒に手続きをすれば、添付書類は必要ありません。

死亡手続き 直後

死亡手続き 年金・健康保険

死亡手続き 必要に応じた手続き

遺産・相続 基礎

遺産・相続 遺言・分割

遺産・相続 名義変更

遺産・相続 申告・納付

遺族（補償）年金支給請求書（記入例）
（いぞく ほしょう ねんきん しきゅうせいきゅうしょ）

どのような場面で災害が発生したのかを、記入しましょう。

請求人がこの欄におさまらない場合は、別紙に記入します。

遺族補償年金の支給を受け取る金融機関について記入します。

様式第12号（表面）

業務災害用

労働者災害補償保険

遺族補償年金支給請求書
遺族特別支給金支給申請書
遺族特別年金支給申請書

年金新規報告書提出

① 労働保険番号
府県 所掌 管轄 基幹番号 枝番号
0 0 0 0 0 0 0 0 0 0 0 0 0 0

② 年金証書の番号
管轄局 種別 西暦年 番号 枝番号

③ 死亡労働者の
フリガナ ナカムラ ハルオ
氏名 中村春男 （男・女）
生年月日 S43年 4月 3日（ 歳）
個人番号
職種
所属事業場 名称・所在地 ○×営業所

④ 負傷又は発病年月日
00年 0月 0日
午 前・後 10時15分頃

⑤ 死亡年月日
00年 0月 0日

⑥ 災害の原因及び発生状況
建築現場でクレーン作業の視察中、突風により、つり荷が落下。そのつり荷の下敷きとなり死亡。

⑦ 平均賃金
000円 0銭

⑧ 特別給与の総額（年額）
00000円

⑨ 厚生年金保険等の受給関係
死亡労働者の厚生年金等の年金証書の基礎年金番号・年金コード
ⓐ 死亡労働者の被保険者資格の取得年月日 年月日

ⓑ 当該死亡に関して支給される年金の種類
厚生年金保険法の イ遺族年金 ロ遺族厚生年金
国民年金法の イ母子年金 ロ準母子年金 ハ遺児年金 ニ寡婦年金 ホ遺族基礎年金
船員保険法の遺族年金

支給される年金の額 | 支給されることとなった年月日 | 年金の年金証書の基礎年金番号及びコード（複数のコードがある場合は下段に記載すること） | 所轄年金事務所等
円 | 年 月 日 | |

受けていない場合は、次のいずれかを○で囲む。・裁定請求中 ・不支給裁定 ・未加入 ・請求していない ・老齢年金等選択

③の者については、④、⑥から⑧まで並びに⑨のⓐ及びⓑに記載したとおりであることを証明します。
00年 0月 0日

事業の名称 （株）ABC建築 電話（03）0000-0000
〒 111-1111
事業場の所在地 東京都千代田区南北町3-2
事業主の氏名 鈴木一郎 ㊞鈴木
（法人その他の団体であるときはその名称及び代表者の氏名）

[注意] ⑨のⓐ及びⓑについては、③の者が厚生年金保険の被保険者である場合に限り証明すること。

⑩ 請求人 申請人
氏名 フリガナ ナカムラナツコ 中村夏子 | 生年月日 S46・8・27 | 住所 フリガナ 東京都港区千駄町7番10号 | 死亡労働者との関係 妻 | 障害の有無 ある・ない | 請求人（申請人）が障害の状態にあるときは、その理由

⑪
氏名 フリガナ ナカムラフユミ 中村冬美 | 生年月日 H13・7・16 | 住所 東京都港区千駄町7番10号 | 死亡労働者との関係 長女 | 障害の有無 ある・ない | 請求人（申請人）と生計を同じくしているか いる・いない
氏名 ナカムラアキヒコ 中村秋彦 | H15・1・15 | 東京都港区千駄町7番10号 | 長男 | ある・ない | いる・いない

⑫ 添付する書類その他の資料名

⑬ 年金の払渡しを受けることを希望する金融機関又は郵便局
金融機関
名称 ※金融機関店舗コード
本店・本所 出張所 ㊞銀行・㊞金庫 農協・漁協・信組 南 支店・支所
預金通帳の記号番号 普通・当座 第 号
フリガナ 名称 ※郵便局コード
郵便局
所在地 都道府県 市区
預金通帳の記号番号 第 号

上記により
遺族補償年金
遺族特別年金 の支給を請求します。
遺族特別年金 の支給を申請します。
00年 0月 0日
労働基準監督署長 殿

〒 111-1111 電話（03）1111-1111
請求人 申請人（代表者） の 住所 東京都港区千駄町7番10号
氏名 中村夏子 ㊞中村
□本件手続を裏面に記載の社会保険労務士に委託します。
個人番号

特別支給金について振込を希望する金融機関の名称 | 預金の種類及び口座番号
㊞銀行・㊞金庫 農協・漁協・信組 いろは | 本店・本所 出張所 南 ㊞支店・支所 | 普通・当座 第 1111111 号 口座名義人 中村夏子

故人に代わって確定申告をするときには
「所得税の確定申告書」が必要

これが重要！

▶ 故人に申告しなければいけない所得税がある場合、相続人などが代理で行います。
▶ 相続開始から4カ月以内に故人に代わって準確定申告をしなければいけません。

準確定申告の手続きは
通常の確定申告とほぼ同じ

　年度（1〜12月）の途中で相続が開始した所得税の申告義務のある被相続人（故人）がいたら、代わりに確定申告をしなければなりません。申告期限は相続開始から4カ月以内と決まっています。故人の所得税の申告を「準確定申告」といい、相続人、または包括遺贈（▶p.96）を受けた人が申告します。

　申告は通常の確定申告と同じですが、「**所得税及び復興特別所得税の確定申告書A・B**」のほかに、相続人に関する事項などを記入する「**死亡した者の所得税及び復興特別所得税の確定申告書付表**」をつけなければいけません。

　申告書には社会保険、生命保険、損害保険などの控除、故人と扶養家族の医療費の自己負担額が年間10万円以上であれば、受けられる医療控除などを記入し、所得税の計算をして申告します。税金を払う必要があれば納税し、還付があれば還付金を受け取ります。ただし、住民税の納税義務はありません。

　準確定申告は、e-Taxではできないので、持参するか郵送しましょう。

所得税及び復興特別所得税の確定申告書A・B（第一表・第二表）	
死亡した者の所得税及び復興特別所得税の確定申告書付表	
届け出人	相続人、包括遺贈を受けた人
届け出先	税務署
期限	4カ月以内
必要書類	□故人の源泉徴収票（自営業者は収支計算書） □相続人全員の認印 □控除対象となる社会保険料 □生命保険料 □医療費などの領収書

ミニ情報

死亡した日が
1〜3月だったときは注意

　前年度の確定申告を故人が済ませていない可能性が高いので、前年度の申告と当年度の1月1日から死亡日までの申告の、合わせて2年分の準確定申告をします。

所得税及び復興特別所得税の確定申告書A
（第一表）（記入例）

直後　死亡手続き

死亡手続き　年金・健康保険

死亡手続き　必要に応じた手続き

遺産・相続　基礎

遺産・相続　遺言・分割

遺産・相続　名義変更

遺産・相続　申告・納付

申告する所得が、給与所得、公的年金等で、予定納税額がなければ、「確定申告書A」を使用します。それ以外は「確定申告書B」に記入しましょう。

「準」の文字を書きくわえます。

名前の前に「被相続人」と記入します。

復興特別所得税額の記入をお忘れなく。

この欄は準確定申告では記入しません。

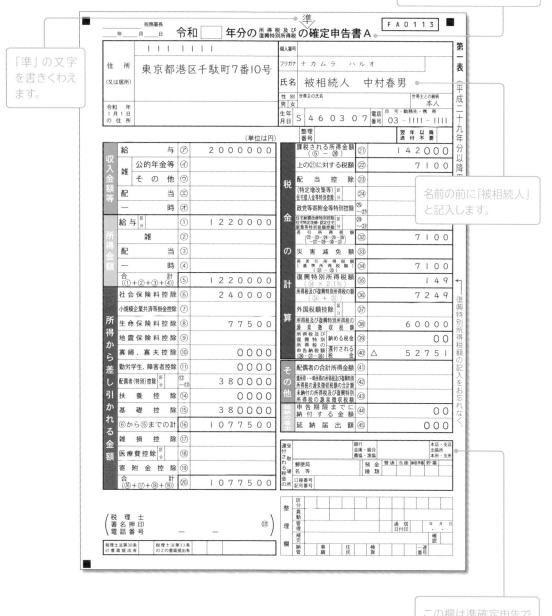

申告書等の必要書類は税務署でもらいます。準確定申告の手続きは、郵送でも受け付け可能です。

> 「準」の文字を書きくわえます。

> 死亡時までに支払った社会保険料を明記します。

令和　　年分の 所得税及び復興特別所得税 の確定申告書A

準

整理番号　　　　　　　　　　　　FA0067

○ 所得から差し引かれる金額に関する事項

⑥社会保険料控除	社会保険の種類	支払保険料	⑦小規模企業共済等掛金控除	掛金の種類	支払掛金
	国民健康保険	150,000			
	国民年金	90,000			
	合　計	240,000		合　計	

住　所　東京都港区千駄町7番10号

フリガナ　ナカムラ ハルオ
氏　名　被相続人　中村春男

⑧生命保険料控除	新生命保険料の計		旧生命保険料の計	30,000
	新個人年金保険料の計		旧個人年金保険料の計	180,000
	介護医療保険料の計			
⑨地震保険料控除	地震保険料の計		旧長期損害保険料の計	

○ 所得の内訳（所得税及び復興特別所得税の源泉徴収税額）

所得の種類	種目・所得の生ずる場所又は給与などの支払者の氏名・名称	収入金額	所得税及び復興特別所得税の源泉徴収税額
給与	（株）ABC建築	2,000,000	60,000

⑩本人該当事項	□ 寡婦（寡夫）控除		□ 勤労学生控除
	□死別 □生死不明		学校名
	□離婚 □未帰還		

| ⑪障害者控除 | 氏　名 | | |

| ⑧所得税及び復興特別所得税の源泉徴収税額の合計額 | 60,000 |

⑫配偶者特別控除	配偶者の氏名	生年月日	□配偶者控除
		明・大 昭・平・令・・	□配偶者特別控除
	個人番号		

○ 雑所得（公的年金等以外）・配当所得・一時所得に関する事項

所得の種類	種目・所得の生ずる場所	収入金額	必要経費等

⑭扶養控除	控除対象扶養親族の氏名	続柄	生年月日	控除額
			明・大 昭・平・令・・	万円
	個人番号			
			明・大 昭・平・令・・	万円
	個人番号			
			明・大 昭・平・・	万円
	個人番号			

○ 住民税に関する事項

16歳未満の扶養親族	扶養親族の氏名	続柄	生年月日	別居の場合の住所
	個　人　番　号		平・・	
	個　人　番　号		平・・	
	個　人　番　号		平・・	

| ⑭扶養控除額の合計 | 万円 |

給与・公的年金等に係る所得以外（令和1年4月1日において65歳未満の方は給与所得以外）の所得に係る住民税の徴収方法の選択	給与から差引き
	自分で納付

配当に関する住民税の特例	
非居住者の特例	
配当割額控除額	

| 寄附金税額控除 | 都道府県、市区町村分 | | 条例指定分 | 都道府県 |
| | 住所地の共同募金会、日赤支部分 | | | 市区町村 |

| 別居の控除対象配偶者・控除対象扶養親族の氏名・住所 | 氏名 | | 住所 | |

⑰雑損控除	損害の原因	損害年月日	損害を受けた資産の種類など
		・・	
	損害金額	保険金などで補填される金額	差引損失額のうち災害関連支出の金額
	円	円	円

⑱医療費控除	支払医療費等		保険金などで補填される金額
		円	円

| ⑲寄附金控除 | 寄附先の所在地・名称 | | 寄附金 |

○ 特例適用条文等

一連番号

76

死亡
直後　死亡手続き

年金・健康保険　死亡手続き

死亡手続き　必要に応じた手続き

遺産・相続　基礎

遺産・相続　遺言・分割

遺産・相続　名義変更

遺産・相続　申告・納付

死亡した者の所得税及び復興特別所得税の
確定申告書付表（記入例）

「所得税の申告書」を参考にして記入します。

死亡した者の令和 00 年分の所得税及び復興特別所得税の確定申告書付表
（兼相続人の代表者指定届出書）

1　死亡した者の住所・氏名等

住所	（〒 III - IIII ） 東京都港区千駄町7番10号	氏名	フリガナ ナカムラ ハルオ 中村春男	死亡年月日	令和 00 年 00 月 00 日

2　死亡した者の納める税金又は還付される税金 〔所得税及び復興特別所得税の第3期分の税額〕（還付される税金のときは頭部に△印を付けてください。） △52,751 円…A

3　相続人等の代表者の指定 （代表者を指定するときは、右にその代表者の氏名を書いてください。） 相続人等の代表者の氏名 中村夏子

4　限定承認の有無 （相続人等が限定承認をしているときは、右の「限定承認」の文字を○で囲んでください。） 限定承認

（平成二十八年分以降用）

〇この付表は、申告書と一緒に提出してください。

5 相続人等に関する事項	（1）住所	（〒 III - IIII ） 東京都港区千駄町 7番10号	（〒 III - IIII ） 東京都港区千駄町 7番10号	（〒 III - IIII ） 東京都港区千駄町 7番10号	（〒 - ）
	（2）氏名	フリガナ ナカムラナツコ 中村夏子 ㊞	フリガナ ナカムラフユミ 中村冬美 ㊞	フリガナ ナカムラアキヒコ 中村秋彦 ㊞	フリガナ ㊞
	（3）個人番号	1 2 3 4 5 6 7 8 9 0 1 2	3 4 5 6 7 8 9 0 1 2 3 4	5 6 7 8 9 0 1 2 3 4 5 6	
	（4）職業及び被相続人との続柄	職業 会社員 続柄 妻	職業 学生 続柄 子	職業 学生 続柄 子	職業 続柄
	（5）生年月日	明・大・昭・平・㋹ 46 年 8 月 27 日	明・大・㋛・平・令 13 年 7 月 16 日	明・大・昭・㋹・令 15 年 1 月 15 日	明・大・昭・平・令 年 月 日
	（6）電話番号	－	－	－	－
	（7）相続分…B	法定・指定 1/2	法定・指定 1/4	法定・指定 1/4	法定・指定
	（8）相続財産の価額	円	円	円	円
6 納める税金等	各人の納付税額 A×B 〔各人の100円未満の端数切捨て〕	00 円	00 円	00 円	00 円
	各人の還付金額 〔各人の1円未満の端数切捨て〕	26,377 円	13,187 円	13,187 円	円
7 還付される税金の受取場所	銀行名等	いろは 銀行 金庫・組合 農協・漁協	いろは 銀行 金庫・組合 農協・漁協	いろは 銀行 金庫・組合 農協・漁協	銀行 金庫・組合 農協・漁協
	支店名等	南 本店・支店 出張所 本所・支所	南 本店・支店 出張所 本所・支所	南 本店・支店 出張所 本所・支所	本店・支店 出張所 本所・支所
	預金の種類	普通 預金	普通 預金	普通 預金	預金
	口座番号	IIIIII	222222	333333	
	貯金口座の記号番号	－			
	郵便局名等				

（注）「5 相続人等に関する事項」以降については、相続を放棄した人は記入の必要はありません。

相続人の代表者名を明記します。相続人であれば、誰の名前でも問題ありません。還付金額がある場合には、代表者以外の相続人の委任状が必要になります。

税務署整理欄	整理番号	0	0	0	0		一連番号
	番号確認 身元確認						

公共料金を故人名義で契約していた場合…
預金口座振替と固定電話は
承継・改称手続きが必要

これが
重要！

▶ 公共料金を故人の名義で契約していた場合には「**預金口座振替依頼書**」をもらいます。
▶ 固定電話については「**電話加入権等承継・改称届出書**」を提出します。

引き続き使用するものは
早めに口座変更を行う

　故人が契約をし、故人の口座から料金を引き落としていた公共料金は、亡くなったあと、**すみやかに口座変更手続きを行う**必要があります。なぜなら、金融機関は名義人の死亡を確認した段階で、口座を凍結するからです。そうするとお金が引き出せなくなり、入金や送金、自動引き落としもストップし、公共料金の支払いも止まってしまいます。そうなる前に、変更手続きをすませておきましょう。電気、ガス、水道については、過去の領収書などに記載された窓口に連絡し、「預金口座振替依頼書」を送ってもらい、必要事項を記入・捺印して返送しましょう。

電話加入権は
相続財産とみなされる

　固定電話については、名義の承継手続きを行います。電話の加入権は財産とみなされるため、戸籍謄本の提出が必要です。ただし、総務省は電話加入権の廃止を検討しているので、今後手続きなどの変更の可能性があります。

電話加入権等承継・改称届出書	
届け出人	新加入者
届け出先	NTT
期限	すみやかに
持ち物	□印鑑 □戸籍謄本 □死亡診断書（コピー）など

ミニ情報

　携帯電話やインターネットなど、故人の契約を引きつがないものは、早めに解約を。そのままにすると、使用していない期間の料金まで、後日、請求される可能性があります。

死亡手続き 直後

死亡手続き 年金・健康保険

死亡手続き 必要に応じた手続き

遺産・相続 基礎

遺産・相続 遺言・分割

遺産・相続 名義変更

遺産・相続 申告・納付

電話加入権等承継・改称届出書①（記入例）

「電話加入権等承継・改称届出書」は所轄のNTT営業所で入手できるほか、インターネットでダウンロードできます。

承継する電話番号をすべて記入します。

「承継」に○をつけます。

【電話加入権等承継・改称届出書】

東日本電信電話株式会社　御中

記入年月日　　00 年00月00日

次の①～③に記入した電話加入権等を、　承継　・　改称　したいので届出します。

なお、承継届出の場合、相続の順位が同順位の法定相続人が複数人存在する場合、他の相続権のある者はこれに同意しています。

【お客様へ】太枠の中（①）～（⑬）を正確にご記入ください。

①【電話番号・ひかり電話番号】

(1)	(03)	IIII — IIII
(2)	( )	—
(3)	( )	—
(4)	( )	—
(5)	( )	—

※下記に該当される場合は、③もあわせてご記入ください。
・ひかり電話と、フレッツ光ネクスト又はBフレッツをご利用の場合
・加入電話でフレッツ・ADSLを、INSネット64でフレッツ・ISDNをご利用の場合

②【利用休止番号】
※利用休止中の電話加入権・利用休止をお持ちのお客さまは「利用休止のお知らせ」を参照のうえ、ご記入ください。

	利用休止番号	コード番号
H:S		
H:S		
H:S		
H:S		

③【お客さまID】(フレッツサービス等をご利用の場合)

C
C

※Cからはじまるお客様IDをご記入ください。お客様IDはNTT東日本よりお送りしたフレッツサービス等の「開通のご案内」に記載されています。
※C以外からはじまる契約IDは3段目にご記入ください。

「名義変更のお手続きに関するご案内」のP.3～4をご参照のうえ、承継・改称される電話番号をすべてご記入ください。

※複数回線（代表取扱サービスや合算請求の他回線等も含む）にわたる承継・改称届出は、同一名義の場合に限ります。

※複数回線（代表取扱サービスや合算請求の他回線等も含む）があり、本届出書に記入しきれない場合は、別紙（様式適宜）へご記入ください。その際は、本届出書と別紙に承継・改称者の割印を押印の上、ご提出ください。

※回線異動の注文を同時期にお申込の場合は、移転後の新電話番号、または廃止後の利用休止番号をご記入ください。

④現ご契約者様（現在のご契約者様名）

フリガナ　ナカムラ　ハルオ

現在のお名前　中村 春男

※法人名義の場合は、会社名のほか、代表者名もご記入ください。

現在の契約者（故人）の名前を明記します。

⑤新ご契約者様（新しいご契約者様名）

新しいご住所　〒 III − IIII　東京都港区千駄町7番10号

個人の方は住民登録上 法人の方は登記簿上の住所をご記入ください。

フリガナ　ナカムラ　ナツコ

新しいお名前　中村 夏子

印（中村）

※法人名義の場合は、会社名のほか、代表者名もご記入ください。

捨印（中村）

2か所に捺印します。

| お申込者様名 | フリガナ　ナカムラ　ナツコ　　中村 夏子 | ご連絡先電話番号 ※1 | 03-IIII-IIII |

電話加入権を引きつぐ人の名前を記入しましょう。

本件に関するご連絡先が上記⑤以外の場合にご記入ください。

| お申込者様名 | フリガナ | ご連絡先電話番号 ※1 | |

※1 平日日中帯にご連絡がとれる電話番号をご記入ください。

NTT東日本処理欄

| | 決裁者 | 審査者 | 担当者 |
| | | | |

手続きをされた方　承継者・改称者・その他（　　　　　　　）

確認方法　戸籍（除籍）全部事項証明書（戸籍謄本）・登記簿謄（抄）本・その他（　　　　　　　）
戸籍（除籍）個人事項証明書（戸籍抄本）

記事欄

電話帳に掲載を希望する
かしないかを選択します。

電話帳に掲載を希望し、掲載名を変更
する場合は、変更する名前を記入します。

⑥～⑨について、チェック以外の内容をご希望の場合はご記入ください。
※利用休止番号のみの場合は⑨・⑩のみ記入

⑥電話帳掲載 **（ハローページ）** **について** ※詳細は「名義変更のお手続きに関するご案内」P.5をご参照ください。	☑ 電話帳掲載も104番号案内も希望しない □ 電話帳に掲載せず104番号案内のみ希望する （下記に番号案内するお名前をご記入ください。未記入の場合は番号案内は実施いたしません。） □ 電話帳に掲載し104番号案内を希望する （下記に電話帳に掲載・番号案内するお名前をご記入ください。未記入の場合は掲載・番号案内は実施いたしません。） 左頁の①【電話番号・ひかり電話番号】のうち、(1)・(2)・(3)・(4)・(5)　を希望する。

ハローページ (50音順) 掲載名 (案内名)	フリガナ		重複掲載 (有料)	フリガナ
普通掲載 (無料)				※希望の場合のみ

タウンページ（職業別）の掲載については、後日タウンページセンタよりご連絡させていただきます。
お急ぎのお客様は0120－506309へご連絡くださいますようお願いいたします。＜受付時間：平日9時～17時　休業日：土日祝日および年末年始(12/29～1/3)＞

⑦電話等料金のお支払い方法について ※詳細は「名義変更のお手続きに関するご案内」P.5をご参照ください。	☑ 現在の引き落とし口座（クレジットカード）を継続する ※クレジットカード払いの方は継続出来ない場合がございます。 □ 新たに口座振替（クレジットカード）によるお支払い、または現在とは異なる引き落とし口座（クレジットカード）によるお支払いを希望する ⇒ お客様より別途お申込が必要です。お手続完了までは請求書でのお支払いとなります。 （詳細は「名義変更のお手続きに関するご案内」のP.5をご参照ください。） □ 請求書でのお支払いを希望する

⑧電話料金請求書又は口座振替のお知らせの送付先について	☑ 新しいご契約者名・新しいご契約者住所へ送付する（左頁⑤と同じ） □ その他のお名前・ご住所へ送付する（下記にご記入ください。）

送付先ご住所	〒　　－　　　　　　　　　　　※建物名もご記入ください。	フリガナ お名前 ※全20文字以内でご記入ください。

⑨手続き完了お知らせの送付先について	☑ 新しいご契約者名・新しいご契約者住所へ送付する（左頁⑤と同じ） □ その他のお名前・ご住所へ送付する（下記へ送付先をご記入ください。）

送付先ご住所	〒　　－　　　　　　　　　　　※建物名もご記入ください。	フリガナ お名前 ※全20文字以内でご記入ください。

①～⑨の記入が終わりましたら、⑩の注意事項をお読みいただき、チェックをご記入ください。

⑩必要な確認書類について	☑ 承継または改称のお手続きにあたり、確認書類が必要です 「名義変更のお手続きに関するご案内」P.2をご参照のうえ、本届出書と一緒にご送付ください。

【フレッツ光※をご契約中で、下記のサービスをご契約中のお客様のみ】
※「フレッツ光」とは、「フレッツ 光ネクスト」、「フレッツ 光ライト」および「Bフレッツ」（いずれもインターネット接続サービス）の総称です。
⑪の注意事項をお読みいただき、チェックをご記入ください。⑫・⑬はチェック以外の内容をご希望の場合はご記入ください。

⑪プロバイダパック （光withフレッツ）**について**	☑ 弊社での承継手続き完了後、プロバイダパックが解除となることを了承します プロバイダによっては違約金の発生や、インターネットのご利用が出来なくなる等、契約内容が変更になる場合があります。 契約内容のご確認や、継続してプロバイダパックのご利用をご希望のお客様は、必ずプロバイダへご連絡ください。

⑫フレッツ光メンバーズクラブ会員継続について	☑ フレッツ光メンバーズクラブ　登録済み会員等の継続利用をする ※継続利用する場合は、フレッツ光メンバーズクラブ会員規約への同意が必要となります。 ※新しいご契約者様が個人名義以外の場合等は退会となります。詳細は「名義変更のお手続きに関するご案内」P.6をご参照ください。 □ フレッツ光メンバーズクラブ　登録済み会員等の継続利用をしない（登録済み会員は退会となり、未利用ポイントは失効となります。）

⑬なおせ～る契約の継続について	☑ なおせ～る　契約を継続する ※新しいご契約者様が個人名義以外の場合等は契約解除となります。詳細は「名義変更のお手続きに関するご案内」P.6をご参照ください。 ※継続しない場合は下記チェックボックスにご記入ください。 □ なおせ～る　契約を継続しない（契約済みの方は契約解除となります。）

新しい契約者宛てに請求書を送ってもらいたい場合、ここにチェックをつけます。p.79 の書類で新しい契約者の氏名を記入していたら、ここに名前の記入はいりません。

…通信網サービス料金も含む）があるときは、新しい契約者が引き継ぐことになります。
…るADSLサービス等（※）の名義変更については、他事業者様への連絡が必要です。
…ADSL」、イーアクセス株式会社の「ADSL－direct」等のサービスを指します。

…、お客様の本人確認、与信管理、電気通信サービス等の提供、電気通信サービス等の料金の計算及び請求、これらに関す
…づく契約内容の実施に必要となる範囲内で利用いたします。また、電気通信サービス等のご紹介、ご提案及びコンサルティン
…満足度）向上等のための施策（アンケート調査を含みます）の実施、新たな電気通信サービス等の企画及び開発、電気通信
…置その他新たにNTT東日本の電気通信サービスに係る業務の実施に必要な範囲内で利用します。なお、お客様との電気通信サービス等
…利用目的の範囲内で個人情報を利用することがあります。
…ては、個人情報保護法の規定に基づき、NTT東日本が業務を委託する他の事業者に対して提供することがあります。
…情報保護法、電気通信事業法その他の法令の規定に従い、第三者に提供することがあります。

市区町村、各種発行元、勤務先へ
返却・退会の手続きを行いましょう

知っておきたい Key Word

▶ **国民健康保険**の加入者か、会社で**健康保険**に入っていたかを確認します。
▶ 故人が「**老人医療受給者証**」「**身体障害者手帳**」などを持っていたら返却します。

返却や退会の手続きが必要なものを確認する

　死亡届を提出すると、市区町村の役所から、返却や提出が必要な書類の案内が届きます。ただし、それ以外に故人が契約していた各種会員カードなど、退会や返却手続きをとらなくてはならないものもあります。また、勤務先への手続きが必要なものもあります。手続きをしないと未払い分を請求されたり、不正受給につながったりすることもあるので注意が必要です。

ミニ情報

書類が必要な場合もある

　手続きの際には、亡くなったことが確認できる書類（死亡診断書、戸籍謄本の写しなど）や印鑑が必要となる場合もあるので、事前に確認しましょう。

市区町村や各種発行元に手続きが必要なもの

書類名	手続き等
健康保険証	故人が国民健康保険の加入者だった場合には、健康保険証を市区町村の役所へ返却します（▶ p.30）。
年金手帳	受給停止や遺族年金の手続きを行うとともに、年金手帳を返却します（▶ p.32）。手続きは、故人が加入していた年金の種類により、市区町村の役所、年金事務所、共済組合など異なります。
老人医療受給者証	故人が65〜69歳で、医療費の助成を受けていた場合、市区町村へ受給者証を返却します。
身体障害者手帳	各市区町村から、身体障害者が生活支援を受けるための証明書となるものです。居住している市区町村の役所に返却します。
運転免許証	有効期間が過ぎても更新の手続きを行わなければ、自然消滅となりますが、死亡した時点で早めに所轄の警察署か国家公安委員会へ返却するのが原則です。
パスポート	紛失して悪用されるのを防ぐため、各都道府県庁の旅券課へ返却します。手元に残しておきたい場合は、使用停止手続きをしたあと、返してもらうことも可能です。
老人優待パス、公共施設や交通機関（バスなど）の無料カード	市区町村や発行元に返却します。
クレジットカード、デパートのカードなど	発行元へ連絡し、名義人が死亡した旨を伝え、退会手続きを行います。

故人が会社員の場合に勤務先に返却が必要な一般的なもの

書類名	手続き等
健康保険証	会社で健康保険に加入していた場合は、会社に健康保険証を返却し、廃止手続きをします。故人の被扶養者は後日、市区町村の役所で国民健康保険に切り替える手続きが必要です（▶ p.31）。
死亡退職届	会社指定の用紙がある場合には、形式に従って記入し、理由などを具体的に記入します。会社ではこれを受理したあと、多くの作業が発生するため、提出は早めに行いましょう。
未払い分の給与	最終給与として、遺族が受け取ることになります。
死亡退職金	遺族が受け取れます。

※勤務先によって添付書類や申請方法はさまざまなので各会社の指示に従いましょう。

ミニ情報

故人が利用していたサービスを把握して早めに手続きをする

　自動車サービスのJAF会員、インターネットの会員資格、スポーツクラブなども、手続きの対象となります。こうした各種会員資格は年会費などが自動引き落としになっていることが多いので、放置すると無駄な費用が発生することもあります。生前の状況を把握しきれない場合は、未払い分の請求書が届いた段階で、すみやかに手続きを行うことが大事です。

お墓を新しい場所に移動させたい場合…
「改葬許可申請書」の手続き

これが
重要！

▶ もともと埋葬していたお墓から、新しい墓地へ移すことを「改葬」といいます。
▶ 改葬するには、新しい墓地を用意するとともに、書類上の手続きが必要になります。

死亡手続き 直後

死亡手続き 年金・健康保険

必要に応じた手続き 死亡手続き

遺産・相続 基礎

遺産・相続 遺言・分割

遺産・相続 名義変更

遺産・相続 申告・納付

改葬には市区町村発行の「改葬許可書」が必要

「お墓が遠く、十分な供養ができない」などの理由で、**お墓を別の場所へ移すことを「改葬」**といい、いくつかの方法があります。墓石ごと移すのか、遺骨だけを移すのか。また、先祖代々のお墓から1人分だけを移す、あるいは遺骨の一部を「分骨」するという方法もあり、どの形がベストなのかを検討する必要があります。

実際にお墓を移すためには、所定の手続きと、お寺や親戚との調整という2つの側面から改葬を進めていくといいでしょう。

お寺や親戚との調整をすることが大切

書類上の手続き以上に気を配らなければならないのが、お寺や親戚との調整です。

お寺にとって改葬とは、檀家が離れることなので、経済的にダメージを受けることにもなります。一方的に改葬手続きを進めると、お寺から法外な「離壇料」を要求されたり、埋蔵証明書に署名をしてもらえない、などのトラブルにつながることも。さらに、親戚の中にも不快感を持つ人はいるはずです。改葬という選択肢を選んだ理由を相手が納得できるように説明することが大切です。

改葬許可申請書

届け出人	遺族
届け出先	市区町村の役所
期限	なし
持ち物	□墓地利用許可書 □受入証明書 □埋葬・埋蔵証明書 □印鑑 など

書き方 ▶ p.85

ミニ情報

事前の話し合いと費用の下調べを

改葬の申請書を作成する際には、現在の墓地に問い合わせなければわからない内容も出てきます。新しいお墓を購入する前に、まずは現在の墓地に相談に行き、話し合いをしながら、穏便に進めましょう。

また、改葬は予想以上に多くのお金がかかります。お墓の閉眼・開眼供養にはお布施が必要なほか、お墓設立や古いお墓の処分代など事前によく調べましょう。

改葬までの流れ

 ① 新しいお墓を購入する
新墓地から「受入証明書」「墓地利用許可書」をもらう

 ② 現墓地の市区町村役所から 「改葬許可申請書」をもらう
かいそうきょ か しんせいしょ
「改葬許可申請書」は、「埋葬・埋蔵証明書」と
一緒になっている場合が多い

 ③ 現在の墓地の管理者から許可を得る
現在の墓地の住職などに「埋葬・埋蔵証明書」へ
署名・捺印してもらう

 ④ 現墓地の市区町村役所から 「改葬許可書」を発行してもらう
「墓地利用許可書」「受入証明書」「埋葬・埋蔵証明書」
「改葬許可申請書」の4点を現墓地のある市区町村
に提出し、「改葬許可書」を受け取る

 ⑤ 遺骨の用意をする
墓地で供養が必要なケースもある

⑥ 新墓地に「改葬許可書」を 提出し納骨を行う
新たなお墓を開くための供養が必要

納骨の際には、お墓を閉じる
ための閉眼供養と、新たに開
くための開眼供養を行います。

市区町村によりますが「改葬
許可申請書」と、「埋葬・埋
蔵証明書」はセットになって
いるケースも多いようです。
これを新しい墓地に提出す
ると、遺骨を埋葬すること
ができます。

死亡手続き 直後
死亡手続き 年金・健康保険
死亡手続き 必要に応じた手続き
遺産・相続 基礎
遺産・相続 遺言・分割
遺産・相続 名義変更
遺産・相続 申告・納付

改葬許可申請書（記入例）
かいそうきょかしんせいしょ

改 葬 許 可 申 請 書

令和 00 年 00 月 00 日

港 区 長 あて

<申請者> 住 所 東京都港区千駄町 7 番 10 号

氏 名 中村夏子 ㊞（中村）

死亡者との続柄 （ 妻 ）
墓地使用者又は
焼骨収蔵委託者との関係 （ 本人 ）
電話

墓地、埋葬等に関する法律第 5 条第 1 項の規定により、改葬の許可を受けたいので、次のとおり申請します。

死亡者の本籍 (死産の場合、父母の本籍)	東京都世田谷区東南町	1 番地 3 番
死亡者の住所 (死産の場合、父母の住所)	東京都港区千駄町	番地 7 番 10 号
死亡者の氏名 (死産の場合、父母の氏名)	中村春男	
死亡者の性別	㊞男 ・ 女 ・ 不詳	
死亡年月日 (死産の場合、分べん年月日)	00 年 00 月 00 日	
埋葬又は火葬の場所	東京都港区島風町	番地 5 番 3 号
埋葬又は火葬の年月日	00 年 00 月 00 日	
改葬の理由	墓地移転のため	
改葬の場所	東京都中央区山谷川2番8号	

上記の埋葬又は埋蔵・収蔵の事実を証明します。

住 所 東京都港区島風町5番3号

墓 地
納骨堂 管理者 氏 名 春夏秋冬寺 住職 佐藤勇 ㊞（佐藤）

上記の改葬について承諾します。

住 所

墓地使用者又は
焼骨収蔵委託者 氏 名 印

改葬前の墓地の所在地を明記しましょう。

改葬前の墓地の管理者に、署名と押印をしてもらいましょう。

移転先の墓地の所在地を明記します。

【CASE 1】

Q 児童扶養手当以外の、ひとり親家庭や寡婦への援助を教えてください。

A 無利子での貸付金や税の軽減、医療費の助成制度などがあります。

児童扶養手当（▶ p.64）とは、ひとり親家庭の生活を支えるものです。このほかにも国や自治体では、ひとり親家庭や寡婦などに、援助を行っています。自治体によって受けられる援助や条件はさまざまなので、まずは問い合わせてみましょう。

●**母子（父子）・寡婦福祉資金**　母子（父子）家庭や寡婦の経済的自立を目的とし、子どもの就学や母親の技能習得といった資金を無利子、また

は低利子で融資します。

●**税の軽減**　ひとり親家庭や寡婦が、ある一定条件を満たせば、所得税や住民税の寡婦控除を受けられます。その他、自治体によっては市バスや通勤定期の割引を行っている場合もあります。

●**医療費助成制度**　ひとり親家庭及び寡婦（ひとり親家庭のみの場合も）に、医療費の一部を助成します。

【CASE 2】

Q 夫が亡くなったあと、旧姓に戻る場合、気をつけることを教えてください。

A 「復氏届」で旧姓に戻れます。ただし、夫の親族と縁を切るには「姻族関係終了届」の提出も必要です。

夫が亡くなったあと、結婚前の苗字に戻したいときは「復氏届」を住所地または本籍地の市区町村役所に提出します。旧姓に戻ると配偶者の戸籍から抜けて、結婚前の戸籍に戻るか、新しい戸籍をつくることになります。

ただし、「復氏届」によって旧姓に戻るのは、本人のみです。子どもがいた場合、子どもの姓や戸籍はこれまでと変わりません。子どもの姓や戸籍も自分と同じにしたい場合は、「子の氏の変更許可申立書」を家庭裁判所に提出し、許可をもらいます。

また、夫の戸籍から抜けたとしても、夫の両親や兄弟姉妹などとは「姻族」という親戚関係が続きます。夫の親族と縁を切りたいというときは「姻族関係終了届」を住所地または本籍地の市区町村の役所に提出します。この届け出には、夫の親族からの同意はいりません。自分の意思のみで提出できます。「復氏届」や「姻族関係終了届」が受理されても、相続した財産や子どもの相続権にはまったく影響がありません。

【CASE 3】

Q <u>遺品</u>が多いのですが、どうしたらいいですか。
捨ててはいけないものはありますか?

A 故人の財産に関わる書類や物品などは、
遺産分割が終了するまで処分してはいけません。

遺品は故人との思い出が詰まっていて、何から処分していいかわからないという人も多いものです。しかし、遺品は時間が経つほど整理がつかなくなって放置しがちです。できるだけ早めに整理にとりかかるとよいでしょう。

遺品の中で、必ずとっておかなければならないのは、故人の財産に関わるものです。銀行などの預金通帳、株券、不動産の権利書、高価な宝飾品や骨董品、税金関係の書類、年金証書や年金手帳、保険証書類、医療費の領収書などは、遺産分割

や各種手続きが完了するまでは、捨てたり売却したりしないよう注意してください。勝手に処分すると他の相続人とトラブルになることがあります。また、亡くなった方の名義の携帯電話やクレジットカード明細なども、解約や名義変更の手続きが終わるまでとっておきましょう。

日記、手帳、住所録なども、整理して一定期間はとっておくのがおすすめです。故人の交友関係などがわかり、仏事の案内などを送ったりするときに役立ちます。

【CASE 4】

Q 改葬の際によく起こるトラブルを教えてください。

A 檀家になっているお寺から離檀料の支払いを求められることがあります。
事前にお寺とよく話し合い金額などを確認しておきましょう。

離檀料に関するものが多いようです。離檀料とは、これまでにお墓を管理してくれたお礼として、檀家を離れる際にお寺に支払う金額のことです。お寺から請求されても、法律的には支払わなくても問題ありませんが、感謝の気持ちとして支払うことが原則となっています。

改葬は、もとのお墓を管理するお寺と話し合って決めることがマナーですが、勝手に話を進めて

しまうと、お寺から法外な離檀料を請求されるケースもあります。そうならないためにも、改葬を考え始めた時点で、よく相談するとよいでしょう。気をつけなければいけないのは、改葬のための手続きは、遺骨一体ずつ行うということです。当然、改葬許可申請書（▶ p.83）も、遺骨一体につき1枚ずつ用意します。金額も一体ずつで換算されるので、注意が必要です。

PART 2 遺産・相続編

1章 遺産相続の基礎知識

まずは、相続とはどんなしくみなのかを知りましょう。民法で定められている法定相続人や法定相続分など、財産分割の基本となる知識を紹介します。

40年ぶりに改正された、相続に関する法律でどう変わったのかも、ここでしっかり紹介します（▶p.92）。

〈書類の書き方〉
- ☐「家事審判申立書（失踪宣告）」▶ P.107
- ☐「特別代理人選任申立書」▶ P.109

2章 遺言と遺産分割

遺言は、遺産分割において、非常に重要な位置を占めるもの。遺言書があるかどうか、あったらどのように対処するかをきちんと知ることが必要です。

遺産の分割はスマートにすませたいものですが、簡単に進まないことも多いので、段取りや対処法を紹介します。

〈書類の書き方〉
- ☐「遺言書検認申立書」▶ P.118
- ☐「遺留分減殺請求書」▶ P.122
- ☐「相続放棄申述書」▶ P.125
- ☐「家事審判申立書（相続の限定承認）」▶ P.126
- ☐「遺産分割協議書」▶ P.133
- ☐「遺産分割調停申立書」▶ P.135

相続は、死亡した瞬間から開始します。故人の遺産を相続するうえでの手続きにはいくつかありますが、それぞれに期限があるので注意しましょう。ここでは大まかな段取りを、次のページでは、全体の流れを紹介しています。

3章　遺産の名義変更

　不動産や預貯金をはじめ、相続の際には名義変更を行う必要のあるものが多くあります。さまざまな書類が必要となってくるのですが、近年「法定相続情報証明制度」（▶p.140）ができ、負担が少し軽くなる場合も。該当する手続きがあるときは、ぜひ利用しましょう。

〈書類の書き方〉
- ☐ 「法定相続情報一覧図の保管及び交付の申出書」 ▶ P.142
- ☐ 「法定相続情報一覧図」 ▶ P.143
- ☐ ゆうちょ銀行の「貯金等照会書」 ▶ P.147
- ☐ ゆうちょ銀行の「相続確認表」「相続貯金等記入票」 ▶ P.148、P.149
- ☐ 「株式名義書換請求書」 ▶ P.152
- ☐ 「登記申請書」 ▶ P.154
- ☐ 「固定資産評価証明書交付申請書」 ▶ P.155
- ☐ 「移転登録申請書」 ▶ P.157
- ☐ 「個人事業の開業・廃業等届出書」 ▶ P.159
- ☐ 「所得税の青色申告承認申請書」 ▶ P.160

4章　相続税の申告と納付

　相続税は、一定の相続額以上に課せられる税金です。当てはまる場合は、相続開始（亡くなった日）から10カ月以内に申告し、納税をしなければなりません。税額が減る控除などを適用するにも10カ月以内の申告が必要です。必ず確認しましょう。

〈書類の書き方〉
- ☐ 「財産目録」 ▶ P.171
- ☐ 「相続税の申告書」 ▶ P.178
- ☐ 「申告期限後3年以内の分割見込書」 ▶ P.185
- ☐ 「遺産が未分割であることについてやむを得ない事由がある旨の承認申請書」 ▶ P.186
- ☐ 「相続税延納申請書」 ▶ P.188
- ☐ 「相続税物納申請書」 ▶ P.190

遺産相続のスケジュール

遺産を残して死亡した人を「被相続人」、遺産を相続する人を「相続人」といいます。被相続人が死亡したら、死亡届（▶ p.24）を提出し、そこから相続の手続きがはじまります。相続の手続きは期限があり、大きく3カ月、10カ月までとなっています。

被相続人の死亡（相続スタート）

遺言書の有無を確認（▶ p.116）

自筆証書遺言が見つかったら、家庭裁判所で検認の手続きを行ってから開封する

相続人を確定する（▶ p.98）

相続の順位や割合は法律で決まっているので、故人（被相続人）と相続人の関係を把握する

遺産の調査・確認とリストアップ

故人の財産がどれくらいあるのか、債務なども含めて漏れなく調べて把握しておく

借金があれば、相続の方法を検討する（▶ p.123）

相続は放棄することもでき、また故人に借金があった場合、資産の範囲内で返済することもできる

遺産の評価をする（▶ p.170）

それぞれの相続財産の評価額を計算し、相続税がどれくらいかかるのか目安をつけておく

被相続人の準確定申告（▶ p.74）

故人に代わって故人の所得税の申告をする

相続税の計算・必要書類作成（▶ p.174）

相続税の申告・納税をする人は限られているため、自分が該当するのかどうか確認しておく

相続税の申告・納税

3カ月以内

10カ月以内

1章

遺産相続の基礎知識

40年ぶりの民法改正で変わった相続のルール

2018年7月に相続法が改正され、2019年1月13日から段階的に施行されています。そのポイントを解説します。ここでは、被相続人のことを故人と表現します。

 ① **配偶者居住権**（はいぐうしゃきょじゅうけん）**ができた!** 【施行 2020年4月1日〜】

残された配偶者が、自宅に住み続けられる権利が認められました。「配偶者居住権」です。たとえ、故人が他の人に建物を遺言で残した場合や、他の相続人が反対した場合でも、配偶者は無償で住むことができます。

配偶者居住権には短期と長期があります。短期居住権は遺産分割で建物が誰のものになるか確定するまでなどの短期の間、無償で住み続けることができる権利で、最低でも6カ月間は居住権が保障されます。

長期居住権は、残された配偶者が亡くなるまで居住権を保障するものです。これまでは、残された配偶者が家を相続すると、預貯金などの他の財産が受け取れず、充分な生活費が確保できない場合がありました。それを以下のように「負担つきの所有権」と「配偶者居住権」に分けることで、配偶者の生活の安定をはかるものです。

「配偶者居住権」の例

遺産 住居 2000万円 ＋ 預貯金 3000万円

改定前

配偶者（½）

子（½）

住居2000万円
＋
預貯金500万円

預貯金
2500万円

> 住む場所はあるけど生活費は…

改定後

配偶者（½）
配偶者居住権
1000万円

子（½）
負担つきの所有権
1000万円

配偶者居住権
1000万円
＋
預貯金1500万円

負担つきの所有権
1000万円
＋
預貯金1500万円

> 配偶者が住みながら、ほかの財産ももらえる!

② 婚姻 20 年以上の夫婦なら、生前贈与か遺言があれば自宅を遺産分割の対象外にできる！【施行2019 年7月1日〜】

旧制度では、配偶者が一方の配偶者に自宅を生前に贈与した場合でも、遺産を先渡ししたとみなされていました。そのため、贈与した配偶者が亡くなると自宅は相続財産の 1 つとなり、ほかの相続人との遺産分割対象になっていました。

新制度では、婚姻期間が 20 年以上ある夫婦間であれば、生前に自宅が贈与された場合、または遺言書で指定をした場合は、原則として遺産分割の対象から除外されることになりました。その結果、配偶者は自宅を失うことなく、より多くの財産を相続することができるようになったのです。

「婚姻期間が 20 年以上の夫婦間における居住用不動産の贈与等に関する優遇措置」の例

遺産　住居 2000 万円　＋　預貯金 6000 万円

生前の贈与や遺言があっても住居も分割の対象に

生前に贈与、または遺言を残せば

改定前

配偶者（$\frac{1}{2}$）　住居 2000 万円 ＋ 預貯金 2000 万円

改定後

配偶者（$\frac{1}{2}$）

相続財産対象外に
住居 2000 万円

預貯金 3000 万円

長女（$\frac{1}{4}$）
預貯金 2000万円

長男（$\frac{1}{4}$）
預貯金 2000万円

長女（$\frac{1}{4}$）
預貯金 1500万円

長男（$\frac{1}{4}$）
預貯金 1500万円

③ 遺産分割の前でも、一部お金が引き出せる！

【施行　2019年7月1日〜】

亡くなった人の預金口座は、不正に引き出されないよう、遺産分割が完了するまで、引き出しができません。そのため、故人の葬儀費用や入院費、ローンの支払いなどに困るケースもありました。

今回の改正では、遺産分割前でも限度額の範囲であれば、相続人が預貯金の一部を引き出せるようになりました。「預貯金の額×1/3×払い戻しを行う相続人の法定相続分」（1つの金融機関から最高150万円まで）ならば、他の相続人の合意がなくても、単独で引き出せます。

⑤ 法務局で自筆証書遺言を保管してもらえるように

【施行　2020年7月10日〜】

自筆証書遺言は、ほとんどの場合、自宅で保管されているため、紛失してしまったり、発見されなかったりといったトラブルが発生することがあります。新制度では、自筆証書遺言を法務大臣が指定した法務局（遺言書保管所）で保管してもらうことができます。

保管手数料は、数千円程度といわれており、公正証書遺言を作成するよりも、費用が安くすみます。また、今まで必要だった、家庭裁判所での検認が不要になります。

相続人や遺贈を受ける人は、遺言者の死後に全国の遺言書保管所で、遺言書が保管されているかどうか調べることや、遺言書保管所で遺言書を閲覧することもできます。

④ 遺言につける目録がパソコン作成や通帳のコピーでもOKに

【施行　2019年1月13日〜】

法律が改正される前は、自筆証書遺言は、遺言者が全文を手書きしなければなりませんでした。改正後も、遺言書自体は手書きしなければなりませんが、財産目録についてはパソコンで作成できるようになりました。財産が多数ある人には、手書きする負担が軽減されます。また、預金通帳のコピーや不動産の登記簿謄本を目録として添付することもできます。パソコンでつくった財産目録や書類のコピーには、偽造防止のため、各ページに署名押印が必要です。

⑥ 相続人以外でも療養看護を行った親族に財産を分けてもらう権利ができた！
【施行　2019年7月1日〜】

　従来の法律では、たとえば妻が夫の親へ献身的な介護をしても、夫の親の財産を分けてもらう権利はありませんでした。一方で、まったく介護などをしなくても、相続人であれば財産を相続することができます。このような不公平を改善する目的で、特別の寄与の制度が新設されました。

　新制度施行後は、相続人以外の親族が、故人に対して無償で療養看護などを行っていた場合、その親族は、各相続人に対して金銭（特別寄与料）を請求することができます。

⑦ 遺留分の請求に金銭での支払いが認められることに
【施行　2019年7月1日〜】

　法定相続人は、権利を侵害している相続人に対して、最低限の取り分（遺留分）を要求できます。旧制度では遺留分は相続したもので返還する現物返還が原則とされていました。そのため、相続した財産が不動産等の場合は共有状態になり、権利関係が複雑化する事態が起こっていました。新しい制度では、遺留分は現物ではなく相当価額の金銭で支払われることになりました。

遺留分については ▶ p.120

「特別の寄与の制度」の例

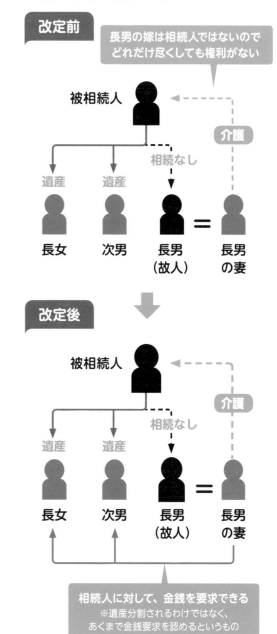

改定前

長男の嫁は相続人ではないのでどれだけ尽くしても権利がない

被相続人

介護

相続なし

遺産　遺産

長女　次男　長男（故人）＝長男の妻

改定後

被相続人

介護

相続なし

遺産　遺産

長女　次男　長男（故人）＝長男の妻

相続人に対して、金銭を要求できる
※遺産分割されるわけではなく、あくまで金銭要求を認めるというもの

死亡手続き 直後

死亡手続き 年金・健康保険

死亡手続き 必要に応じた手続き

遺産・相続 基礎

遺産・相続 遺言・分割

遺産・相続 名義変更

遺産・相続 申告・納付

そもそも相続とは？

▶ 亡くなった人の財産は、**亡くなったと同時に相続人に転移**します。これが**相続**です。

▶ 財産の受けつぎ方には、**相続**のほか、**遺贈**、**贈与**のケースがあります。

■ 相続は、亡くなったと同時に自動的に開始される

亡くなった人が所有していた財産が、家族などに引きつがれることを**相続**といいます。相続は、人が亡くなると、自動的に始まります。これを「**相続開始**」といいます。

財産には、預貯金や不動産などの**プラスの**財産だけでなく、借金などの**マイナスの財産**もあります。人が亡くなったと同時、すなわち相続開始の瞬間に、それらのものが相続人に移ります。

財産の引きつぎ方法には、亡くなった人（被相続人）の意思で行われる「**遺贈**」や「**贈与**」という方法もあります。

被相続人の意思で財産を処分する方法

遺贈

おもに遺言によって財産を贈ることをいい、財産をもらう人を受遺者といいます。受遺者には、法定相続人以外の人でもなれます。遺贈のしかたによって、「包括遺贈」と「特定遺贈」があります。

遺贈される遺産総額が基礎控除の一定額以上なら、税務署に申告して相続税を払う必要があります。そして、遺贈も相続と同じように受けたくない場合は、放棄することができます。

包括遺贈

「財産全体を○○に贈る」とか「財産の3分の1を××に贈る」とか、財産全体の割合を示して贈ることをいい、この中には負債も含めたすべての財産が含まれます。

特定遺贈

「○○の土地を××に贈る」とか「家を□□に贈る」などといったように、ある特定の財産を指定して贈ること。

贈与

財産を無償で贈ることをいい、財産を持つ人が生前に行う契約の一種。財産をもらう人を受贈者といいます。一方的に指定したりするのではないところが、遺贈と違う点です。受贈者には誰を指定してもよく、「生前贈与」と「死因贈与」があります。

贈与額が一定額を超えた場合、生前贈与は贈与税、死因贈与は相続税がかかります。一般的に、贈与税は相続税よりも税率が高いのが特徴です。

生前贈与

生きているときに、贈ってしまうことをいい、亡くなる前に受け渡しがすんでいるものです。

死因贈与

「私が死んだら、○○をあげる」というように、死亡した時点で効力が生まれる約束のことです。

相続、遺贈、贈与の違い

相続
人が死亡して、財産の持ち主が変わること

当事者の意思によらない

被相続人 → 相続人

配偶者・血族（法定相続人）

相続税がかかる

遺贈
主に遺言書により財産を贈与すること

財産を残す人の一方的な意思表示による

遺贈者 —遺言→ 受遺者

遺言書が指定した人（法定相続人以外の人も対象になる）

相続税がかかる

贈与
生前に財産を無償で渡す契約のこと。死亡してから効力が生まれる契約（死因贈与）もある

双方の意思による契約の1つ

遺贈者 —契約→ 受遺者

故人が指定した人（法定相続人以外の人も対象になる）

死因贈与には**相続税がかかる**

生前贈与には**贈与税がかかる**

こんなときは

贈与を受けていた人が相続人になったら

財産の前渡しを受けていたということで、贈与分を差し引いて相続財産を受け取るかどうかが問題になりますが、これは相続人同士の協議によります。また、相続開始前3年以内に贈与を受けていた場合は、相続税申告時に相続財産に加算します。

死亡手続き 直後

死亡手続き 年金・健康保険

死亡手続き 必要に応じた手続き

遺産・相続 基礎

遺産・相続 遺言・分割

遺産・相続 名義変更

遺産・相続 申告・納付

「誰が」相続するのでしょうか？

知っておきたい Key Word

▶ 遺産を相続する人を**相続人**、遺産を残している相続される側の人（本書では故人）を**被相続人**といいます。

▶ 遺言書のない場合、遺産の相続でトラブルが発生しないように、相続人になれる**間柄**や**順番**が民法で決められています。

■配偶者は必ず相続人に あとは故人との関係で決まる

民法で定められた「**法定相続人**」になれるのは、**配偶者と血族**（血のつながりのある人）のみです。遺言書がない場合は、配偶者がいる場合、**配偶者は常に相続人**となり、血族は相続人になれる範囲と、相続の順番、どれだけ相続できるかの割合が決められています。

被相続人の血族のうち、子や孫を「**直系卑属**」といい相続の優先順位は第1順位、親や祖父母を「**直系尊属**」といい優先順位は第2順位、兄弟姉妹やその子（甥や姪）を「**傍系血族**」といい優先順位は第3順位です。上位の順位者がいたら、下位には相続権がありません。

血族相続の順番

配偶者が ある場合は 常に 優先される

第1順位　子、孫、曾孫（直系卑属）

被相続人の子や孫、曾孫です。もし子が死亡していて孫がいる場合は孫が、子も孫も亡くなっている場合は曾孫が相続人になります（代襲相続 ▶ p.100）。

養子は実子と同じ権利があります。非嫡出子（正式な婚姻ではない関係で生まれた子）は、父親の相続では父親が認知していれば、第1位の相続人です。

第2順位　父母、祖父母（直系尊属）

被相続人の父母や祖父母などです。たとえば、被相続人に配偶者がいて、子や孫、曾孫はおらず、父がいる場合は、配偶者と父が相続人になります。

第3順位　兄弟姉妹、甥姪（傍系血族）

被相続人の兄弟姉妹、兄弟姉妹が他界していれば甥姪などです。たとえば、被相続人に配偶者がいて、子や孫、父母、祖父母などがいない場合、配偶者と兄弟姉妹が相続人になります。

こんなときは

遺言書があるときは 遺言書が優先される

遺言書がある場合は、遺言書に書かれた相続人や相続割合を優先します。また、相続割合や相続内容は、全相続人が話して（遺産分割協議という）決めることができます。

遺言書については ▶ p.116

死亡手続き 直後

死亡手続き 年金・健康保険

死亡手続き 必要に応じた手続き

遺産・相続 基礎

遺産・相続 遺言・分割

遺産・相続 名義変更

遺産・相続 申告・納付

相続人になれる範囲と順番

血族相続の範囲と
順番を家系図で
確認してみましょう

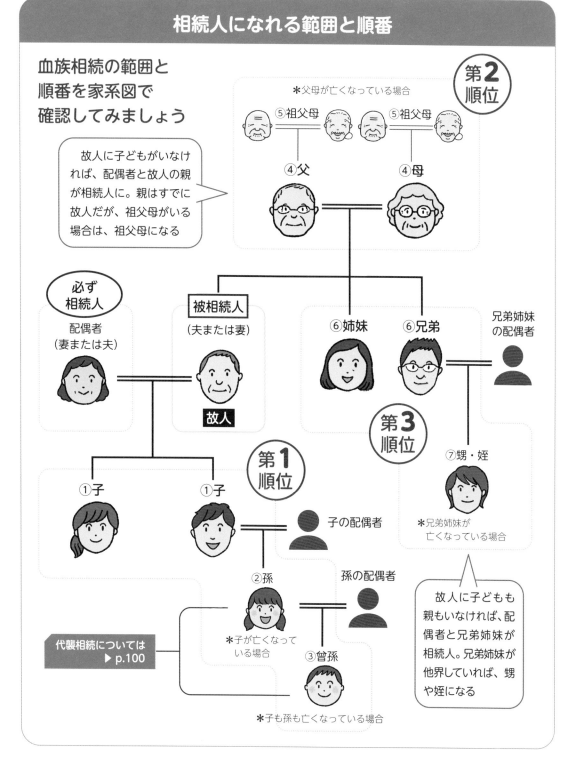

故人に子どもがいなければ、配偶者と故人の親が相続人に。親はすでに故人だが、祖父母がいる場合は、祖父母になる

第2順位

＊父母が亡くなっている場合

⑤祖父母 ＝ ⑤祖父母

④父 ＝ ④母

必ず相続人
配偶者
（妻または夫）

被相続人
（夫または妻）
故人

⑥姉妹　⑥兄弟 ＝ 兄弟姉妹の配偶者

第3順位

⑦甥・姪
＊兄弟姉妹が亡くなっている場合

①子　①子 ＝ 子の配偶者

第1順位

②孫 ＝ 孫の配偶者
＊子が亡くなっている場合

代襲相続については ▶ p.100

③曽孫
＊子も孫も亡くなっている場合

故人に子どもも親もいなければ、配偶者と兄弟姉妹が相続人。兄弟姉妹が他界していれば、甥や姪になる

相続権が子や孫に移る代襲相続

知っておきたい
Key Word

▶ 誰が相続人になるかは民法で決められていて、その相続人のことを「法定相続人」といいます。

▶ 法定相続人で亡くなっている人がいたら、その**権利が子や孫に移る**場合があります。

■子が亡くなっていたら
■孫が相続人になる

親より子が先に亡くなった場合、あるいは相続の資格がない子（下記参照）がいる場合には、その子の子（被相続人の孫）が、代わって相続人になります。これを「**代襲相続**」といいます。被相続人の孫も死亡していたときは、孫の子（曾孫）が代襲相続人になります。これは「**再代襲相続**」といいます。

被相続人の兄弟姉妹が亡くなっているとき、兄弟姉妹に子（被相続人の甥や姪）がいれば、代襲相続人になりますが、その子（兄弟姉妹の孫）は代襲できません。

死亡以外で代襲相続が発生するケース

相続欠格

相続人になれる立場の人でも、違法行為をすると、遺産を相続することができなくなります。被相続人を殺害したり、詐欺などを行うと「相続欠格」とされ、裁判をしなくても自動的に相続権を失います。

相続欠格となる主なケース

・被相続人やその相続人を殺害、殺害未遂で刑を受けた人
・被相続人が殺害されたことを知っていて、告発や告訴をしなかった人
・詐欺や脅迫によって、遺言の変更や取り消しを妨げたり、強要した人
・遺言書を偽造、変造、破棄、隠匿した人

相続廃除

被相続人を虐待したり、ひどい侮辱を与えたり、著しい非行があったりする場合、相続権を失わせることができます。この場合、「推定相続人廃除申立書」を家庭裁判所に提出します。そのためには、生前に被相続人が家庭裁判所に申請するか、遺言書で相続廃除の意思表示をします。

代襲相続の例

直系卑属の場合

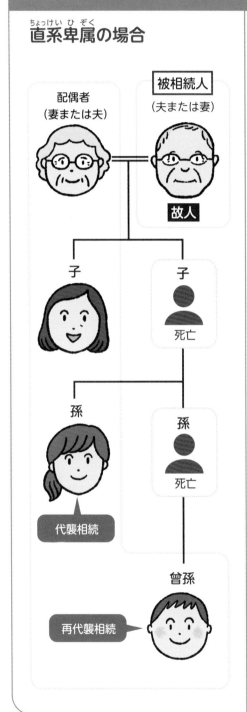

配偶者（妻または夫）

被相続人（夫または妻）
故人

子

子
死亡

孫
代襲相続

孫
死亡

曾孫
再代襲相続

兄弟姉妹の場合

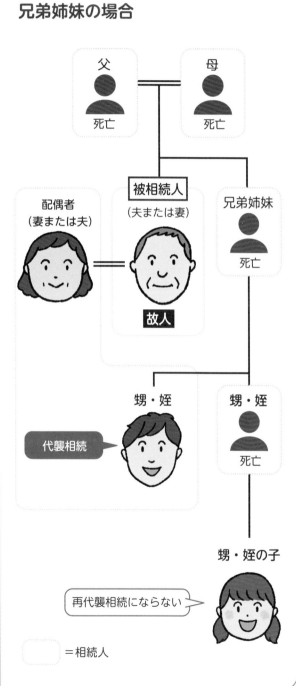

父
死亡

母
死亡

配偶者（妻または夫）

被相続人（夫または妻）
故人

兄弟姉妹
死亡

甥・姪
代襲相続

甥・姪
死亡

甥・姪の子
再代襲相続にならない

〔　〕＝相続人

死亡手続き 直後

死亡手続き 年金・健康保険

死亡手続き 必要に応じた手続き

遺産・相続 基礎

遺産・相続 遺言・分割

遺産・相続 名義変更

遺産・相続 申告・納付

誰が「どれだけ」相続するのでしょうか？

▶残された遺産を、各人がどれだけ相続するかの割合を**相続分**といいます。

▶分け方の基準となるのは、民法で定められた**法定相続分**です。

■財産の分け方の目安になる法定相続分

相続分は、遺言があれば、その指示に従いますが※、そうでないときは、相続人同士の話し合いで決定します（▶遺産分割協議 p.132）。このとき、分け方の指針となるのが、民法で定められた「法定相続分」です。法定相続分は別名「裁判基準」といい、この分け方がベストだろうと考えられたものであり、目安です。そのとおりに分割しなくてもかまいません。

法定相続分は、右ページのようになっています。子や兄弟姉妹が亡くなっていて、その子や孫がいるときには、代襲相続（▶p.100）となります。

※遺言の分け方が理不尽だったときには、「遺留分」を請求できます。

遺留分については▶ p.120

こんなときは 養子や非嫡出子の権利は？

養子であっても、権利は実子と同等です。法律上の婚姻関係にない男女の間に生まれた非嫡出子も、嫡出子（法律上の夫婦の子）と同等の権利があります。

非嫡出子の相続例
（1600万円を法定相続分で分けた場合）

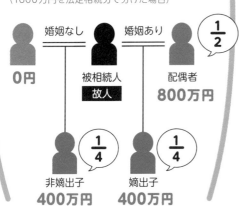

こんなときは 兄弟姉妹が相続するとき 異母・異父兄弟の権利は？

相続の用語で、父母が同じ兄弟のことを「全血兄弟」、異母兄弟・異父兄弟のことを「半血兄弟」といいます。半血兄弟の法定相続分は、全血兄弟の 1/2 になります。

半血兄弟がいる場合の相続例
（1600万円を法定相続分で分けた場合）

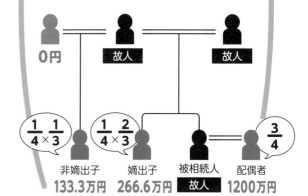

遺産分割の目安となる法定相続分

●相続人が配偶者のみ

配偶者 **すべて**

●相続人が子のみ

子が複数人いたら、頭数で等分する。2人なら1/2ずつ、3人なら1/3ずつ

子 **すべて**

●相続人が配偶者＋子

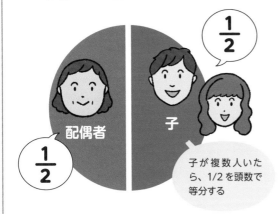

配偶者 **1/2**

子 **1/2**

子が複数人いたら、1/2を頭数で等分する

●相続人が配偶者＋親

（被相続人の子がいない場合）

配偶者 **2/3**

親 **1/3**

両親ともに存命の場合は、1/3を2等分する

●相続人が配偶者＋兄弟姉妹

（被相続人の子も親もいない場合）

配偶者 **3/4**

兄弟姉妹 **1/4**

兄弟姉妹が複数人いたら、1/4を頭数で等分する

●相続人が兄弟姉妹のみ

兄弟姉妹 **すべて**

兄弟姉妹が複数人いたら、頭数で等分する

死亡手続き 直後

死亡手続き 年金・健康保険

死亡手続き 必要に応じた手続き

遺産・相続 基礎

遺産・相続 遺言・分割

遺産・相続 名義変更

遺産・相続 申告・納付

遺産分割を公平にする特別受益と寄与分

▶ 被相続人から受けた経済的援助は**特別受益**といい、遺産分割のときにその分が引かれます。

▶ 被相続人に貢献した人は、**寄与分**が考慮されます。

生前贈与の分も相続額にプラスされる

遺産を分割するときに考慮しなければいけないのが、特別受益や寄与分です。

開業資金や家の頭金を親に援助してもらうなど、被相続人（故人）から**生前に特別な財産援助を受けていた場合**、その援助を受けた財産を「特別受益」といいます。特別受益を受けながら、それを考慮に入れずに遺産を分割すると不公平になります。そのため、特別受益を相続の前渡し分と考えて、相続分の計算を行うのが「特別受益制度」です。前渡し分を相続財産に加えることを「持戻しをする」といいます。

配偶者への自宅の相続が分割の対象外に

ただし「特別受益の持戻し」は、遺言書に「特別受益の持戻しは免除する」とあれば、たとえ不公平な分配でも免除されます。

さらに持戻しの例外として、2019年7月1日より「婚姻期間が20年以上の夫婦間における居住用不動産の贈与等に関する優遇措置」が施行されました。

これにより、婚姻期間20年以上の夫婦間での自宅の引きつぎは、遺産分割の対象外となります。ただし、**生前贈与または遺言での遺贈に限る**ので、生前に手続きをしておく必要があります。

婚姻期間が20年以上の夫婦間における居住用不動産の贈与等に関する優遇措置については ▶ p.93

特別受益者がいるときの計算方法

遺産総額は7000万円

相続人

長女は、2000万円の特別受益を受けている

長男	次男	長女
3000万円	3000万円	1000万円

① 遺産に特別受益を加算して、もとの財産総額を求める
7000万円 + 2000万円 = 9000万円

② もとの財産総額を、各相続人で分割する
9000万円 ÷ 3 = 3000万円

③ 特別受益を受けた人は、相続分から特別受益の額を差し引く
3000万円 − 2000万円 = 1000万円

貢献者に認められる 寄与分がある

被相続人の家業を長年支え続けたとか、病気入院した被相続人の世話と介護を続けた、医療費の肩代わりをしたといったように、被相続人に寄与した分を考慮に入れ、**相続の割合をほかの相続人より増やす**というケースもあります。この増やした分を「**寄与分**（きょぶん）」といいます。

ただし、寄与分の考慮は、あくまで相続人に対してです。相続人の配偶者が被相続人の世話をしても、配偶者はその対象とはなりません。

しかし、2019年7月1日より「**特別の寄与の制度**」が創設され、相続人以外の被相続人の親族が、無償で被相続人の療養看護を行った場合には、相続人に対して金銭の請求ができるようになりました。

特別の寄与の制度については▶ p.95

寄与分は、相続人同士で 協議して決める

寄与分の計算方法や基準はなく、相続人同士の話し合い（遺産分割協議▶ p.130）で決定します。協議で決まらなければ、寄与した相続人が家庭裁判所に申立てをし、寄与分を決めてもらうことになります。

寄与分のあるときの計算は、以下のようになります。

寄与分があるときの計算方法

遺産総額は7000万円

相続人

長女は、700万円の寄与分を受ける

長男	次男	長女
2100万円	2100万円	2800万円

① 遺産総額から寄与分を差し引く
7000万円 − 700万円 = 6300万円

② 寄与分を引いた額を、各相続人で分割する
6300万円 ÷ 3 = 2100万円

③ 寄与分を受ける人に加算する
2100万円 + 700万円 = 2800万円

死亡手続き 直後

死亡手続き 年金・健康保険

死亡手続き 必要に応じた手続き

遺産・相続 基礎

遺産・相続 遺言・分割

遺産・相続 名義変更

遺産・相続 申告・納付

相続人に 行方不明者がいたら

これが重要！

▶ 相続の手続きには、**相続人全員がそろう**必要があります。
▶ 行方不明者がいたら、**不在者財産管理人**を立てて代理参加してもらいます。

■相続を進めるには 家庭裁判所に申立てをする

　相続人の中に、生きているはずだが調べても居所がつかめない人がいる、というケースもあります。そんなときは、家庭裁判所に申立てをして、その人の代わりに**遺産分割協議**（▶ p.130）をする人（**不在者財産管理人**という）を選任してもらうこともできます。不在者財産管理人は、不在者の財産を管理し、遺産の分割などを行います。

　不在者の生死が7年間明らかでないとき、または、震災、山岳遭難、船舶の沈没などが原因で生死が1年間明らかでないときは、家庭裁判所に申立てをし、不在者の事実調査を

家事審判 申立書（失踪宣告）	
届け出人	不在者の配偶者、不在者以外の相続人、財産管理人など
届け出先	家庭裁判所
期限	なし
必要書類	□申立人と不在者の戸籍謄本・戸籍の附票 □不在の事実を証する資料 □申立人の利害関係を証する資料

行って、失踪宣告をしてもらいます。そのときには、「**家事審判申立書（失踪宣告）**」の提出が必要です。失踪宣告の申立てが受理されると、失踪者は死亡したこととなります。

---

column

家庭裁判所とは？

　相続の手続きでは家庭裁判所に申立てを行う事柄がよくあります。家庭裁判所とは家族関係から生ずる法律問題を扱うところで、全国に53の本庁と200の支部があります。

　家庭裁判所では「審判」と「調停」が行われますが、ともに非公開で行われ、プライバシーが保たれるのが特徴です。家庭内のもめごとのほとんどは感情的なもつれであり、法的に裁いても意味がないので、話し合いでの解決を

目指します。

　失踪宣告や遺言書の検認、相続放棄などは争いではないので、申立てを受けて裁判官が判断を下す審判で確定します。遺産分割など、対立する性質の事件は、調停を行います。双方と裁判官、調停員で話し合い、決着がつけば調停調書がつくられます。調停で決着がつかなければ審判となり、裁判員が結論を出します。

家事審判申立書（失踪宣告）（記入例）

死亡手続き
直後
死亡手続き
年金・健康保険
死亡手続き
必要に応じた手続き

基礎
遺産・相続

遺産・相続
遺言・分割

遺産・相続
名義変更

遺産・相続
申告・納付

受付印

家事 審判 申立書 事件名（ 失踪宣告 ）

（この欄に申立手数料として1件について800円分の収入印紙を貼ってください。）

（貼った印紙に押印しないでください。）
（注意）登記手数料としての収入印紙を納付する場合は、登記手数料としての収入印紙は貼らずにそのまま提出してください。

収入印紙	円
予納郵便切手	円
予納収入印紙	円

準口頭　関連事件番号　令和　年（家　）第　　　号

「審判」に〇をし、事件名は「失踪宣告」とします。

東京 家庭裁判所
御中
令和 1 年 6 月 20 日

申　立　人
（又は法定代理人など）
の記名押印

山田 花子 ㊞

| 添付書類 | （審理のために必要な場合は、追加書類の提出をお願いすることがあります。）
申立人の戸籍謄本　相手方の戸籍謄本 |

添付書類はケースによって異なることもあるので確認しましょう。

申立人	本籍 （国籍）	（戸籍の添付が必要とされていない申立ての場合は、記入する必要はありません。） 　　　都道 　　　府県
	住所	〒 101 - 0000　　　　　　　電話　03（1111）1111 東京都港区千駄町7番10号　　　（　　　方）
	連絡先	〒　-　　　　　　　　　電話　（　　） 　　　　　　　　　　　　　　　（　　　方）
	フリガナ 氏　名	ヤマダ　ハナコ 山田 花子	大正 昭和 40 年 2 月 1 日生 平成 令和（　　54　歳）
	職業	会社員

不在となっている人について記入します。

※	本籍 （国籍）	（戸籍の添付が必要とされていない申立ての場合は、記入する必要はありません。） 　　　都道 　　　府県　申立人の住所と同じ
	最後の 住所	申立人の住所と同じ
	連絡先	〒　-　　　　　　　　　電話　（　　）
	フリガナ 氏　名	ヤマダ　タロウ 山田 太郎
	職業	会社員

（注）太枠の中だけ記入してください。
※の部分は、申立人、法定代理人、成年被後見人となるべき者、不在…
記入してください。

別表第一（1/ ）

申立ての目的を記入します。

申　立　て　の　趣　旨

不在者に対し、失踪宣告をするとの

審判を求めます。

申　立　て　の　理　由

1. 申立人は、不在者の妻です。

2. 不在者は、平成 20 年7月 25 日の朝、

平常どおり出勤し、同日夜8時ころ、社用で

帰宅が遅れるという旨の電話がありましたが、

帰宅しませんでした。

3. 不在者が行方不明となって 10 年以上も経過し、

その生死が不明であり、また不在者が

申立人のもとに帰来する見込みもありませんので、

申立ての趣旨のとおり審判を求めます。

申立人と不在となっている人の関係、不在者が失踪した状況と経緯をくわしく書きます。

107

相続人が未成年のときは？

これが
重要！

▶ 未成年者が相続人になった場合は、代理人を立てる必要があります。

▶ 親も相続人のときには、親は代理人になれません。
相続人でない親族、または弁護士などに頼みます。

■ 家庭裁判所に
■ 特別代理人選任の請求をする

　未成年が相続人ならば、**代理人**を立てる必要があります。通常では親権者である両親が代理人となりますが、親も相続人であれば、利害が相反することになるので、代理人となることはできません。

　親子で利害が相反するとは、たとえば、父親が死亡すると、相続人は配偶者である母親と子どもになるため、母親と子どもの利益が対立してしまうことになるのです。親権者以外の、ほかの相続人も同様です。

　このようなときは、家庭裁判所に、未成年の子どものために特別代理人を立てることを請求します。そのときには、「**特別代理人選任申立書**」を提出する必要があります。特別代理人は、未成年の相続人に代わり、相続のすべての手続きを行います。

特別代理人選任申立書

届け出人	親権者、ほかの相続人
届け出先	家庭裁判所
期限	３カ月以内
必要書類	□未成年者と申立人の戸籍謄本 □特別代理人候補者の住民票 □利害関係を証明する書類 （遺産分割協議書の案など）

こんなときは　未成年者が
マイナスの遺産を
受けつぐときは？

　遺言により遺産を受けつぐ人を受遺者といい、受遺者はマイナスの遺産も含めて受けつがなければなりません。しかし、未成年の相続者が遺言で、遺産を受けつぐ受遺者になったときは、マイナスの遺産を受けつぐ義務はありません。

特別代理人になるのは

　未成年者の相続人の叔父や叔母などのうち、相続人とはならない親族、あるいは該当する親族がいないときは、弁護士などが選ばれることがあります。未成年の子どもが2人いれば、それぞれに特別代理人を選任しなければいけません。

特別代理人選任申立書（記入例）

とくべつだいりにんせんにんもうしたてしょ

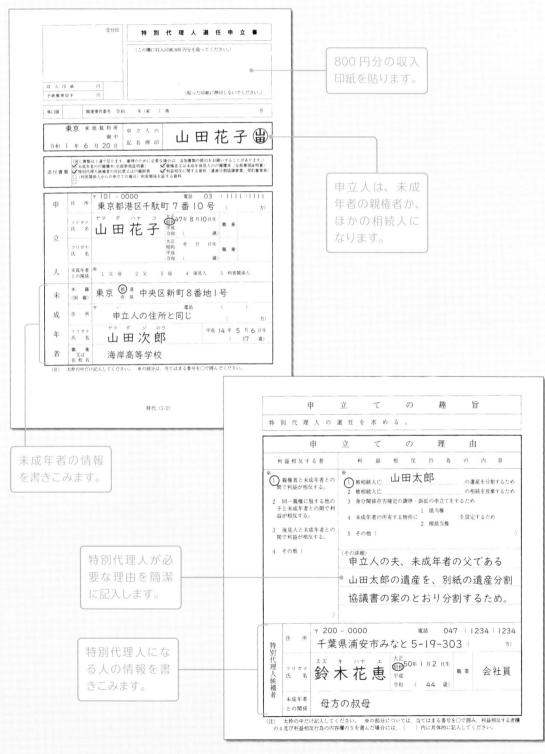

800円分の収入印紙を貼ります。

申立人は、未成年者の親権者か、ほかの相続人になります。

未成年者の情報を書きこみます。

特別代理人が必要な理由を簡潔に記入します。

特別代理人になる人の情報を書きこみます。

死亡手続き 直後

死亡手続き 年金・健康保険

死亡手続き 必要に応じた手続き

遺産・相続 基礎

遺産・相続 遺言・分割

遺産・相続 名義変更

遺産・相続 申告・納付

事実婚のときの相続は?

▶ 配偶者としての**権利はありません**。
▶ 事実婚でパートナーに財産を残したいときは、遺言を残すのが確実です。

■ 基本的に配偶者としての
■ 相続権は認められない

　婚姻届を出してはいないが、実質的に夫婦の状態である、いわゆる**事実婚**が増えています。事実婚の場合、法律上の夫婦ではないため、配偶者としての相続の権利はありません。たとえば、事実婚の夫婦が共同で家を購入して住んでいた場合、一方のパートナーが死亡したとき、残された人は家屋を使用する権利を主張することはできますが、パートナーに相続人がいて**共有物分割請求**をされると、それに応じなければいけません。

　ただし、パートナーに相続人がいない場合などは、残された人が**特別縁故者**として**財産分与請求**をし、遺産を受けつぐことができる可能性があります。そのためには、家庭裁判所に「**相続財産管理人選任の申立て**」を行います。財産を、相続財産管理人の管理のもとに置き、**官報**（新しい法律などの公示・施行を告知するために国が発行している機関誌）などで公示して相続人がいないことを確認したうえで、特別縁故者と認められれば財産を分与してもらえるのです。

　さらに、この申立てには、さまざまな書類の提出も求められます。このような面倒を避けて、パートナーに財産を残したいならば、遺言書で**遺贈**（▶ p.96）をする方法がよいでしょう。

　ちなみに、社会保険や遺族厚生年金、労災などは、事実婚でも受給権が認められています。

ミニ情報

相続財産管理人とは

　相続人がいないときや、相続人が全員相続を放棄したときに、遺産管理の役割を果たす人です。誰も相続する人のいない財産は、最終的には国のものになりますが、管理する人がいなければ、放置され手続きが進みません。そこで管理人が必要になるのです。

　一般的には、相続人ではない親族などの関係者や、弁護士や司法書士などが指名されます。

【CASE 1】

Q 夫の隠し子の
存在がわかりました。
認知(にんち)し、財産を分けなければ
なりませんか?

A 戸籍に記載がなければ
相続人にはなりません。

　夫の死後に、隠し子がいたことがわかったとしても、戸籍に記載がない場合は、相続人には含まれません。

　しかし、夫の死後3年以内に、隠し子側から家庭裁判所に「死後認知」の訴えがあったときは、裁判所が親子関係を調査・判断します。DNA鑑定などの結果、親子関係が認められれば、隠し子は夫の子として認知されます。認知された子は、出生時にさかのぼって親子関係があったとみなされ、実子と同じく夫の財産を相続する権利が発生します。

【CASE 2】

Q 夫とは再婚でした。夫と前妻との間の子どもに
相続権(そうぞくけん)はありますか?

A 前妻にはありませんが、子どもには相続権があります。

　被相続人(故人)が再婚をしていた場合、前婚のときの配偶者(前夫・前妻)とは親族関係がないので、相続権はありません。しかし、その子どもには相続の権利があります。故人の元配偶者が子どもを引き取っており、遺族とはほとんど面識がなくても、その権利は変わりません。

　現配偶者(寡夫・寡婦)と元配偶者に子どもが1人ずついた場合、現配偶者が2分の1、現配偶者と元配偶者の子どもがそれぞれ4分の1ずつ相続します。現配偶者との間に子どもがいなければ、現配偶者と元配偶者の子どもが2分の1ずつ相続することになります。

　前妻・前夫との子どもと良好な関係を築いているケースは少ないでしょう。相続時のもめごとを避けるためには、事前に被相続人に遺言書を残してもらうなどの対策を考えておきましょう。

【CASE 3】

Q 長男の嫁で、夫が亡くなってからも義父の介護^{かいご}をしていました。民法改正で、相続の際、金銭を要求できることになったと聞きましたが、遺産分割協議^{いさんぶんかつきょうぎ}に出席していいのでしょうか?

A 遺産分割協議には出られません。分割が決まったあとに請求します。

　2019年7月1日以降に開始された相続について、無償で被相続人の介護などを行った親族(特別寄与者)は、その貢献に応じた特別寄与料の請求が認められることになりました(▶p.95)。しかし、遺産分割協議については、あくまで相続人のみで行うものとされています。特別寄与者は遺産分割協議には参加できません。

　特別寄与者は、遺産分割協議が終了したあと、各相続人に対して金銭の支払いを請求できます。相続人との間で、特別寄与料の協議が折り合わない場合は、家庭裁判所に協議に代わる処分の請求ができます。ただし、この請求は相続開始および相続人を知ったときから6カ月または相続開始から1年を過ぎるとできなくなります。

【CASE 4】

Q 一人暮らしで、身寄りがありません。財産はどうなりますか?

A 国庫へ帰属されます。

　生涯独身で、兄弟や子どももおらず、身寄りのない人が亡くなった場合、遺産は国庫へ帰属されます。

　せっかく貯めた財産が国のものになってしまうのを避けたければ、事前に遺言書を書き残しておく必要があります。ただし、自筆証書遺言と秘密証書遺言は、遺言書が発見されない可能性も考えられます。確実に遺言を残すなら、公正証書遺言を残すことをおすすめします(▶p.114)。

【CASE 5】

Q 自分の死後のペットが心配です。ペットに財産を残すことはできますか?

A ペットは遺産相続できません。

　日本の法律で、ペットは「物」として扱われるため、遺産相続はできません。しかし、遺言書を利用すれば、実質的にペットに遺産を残せます。

　それは、ペットの面倒をみることを遺贈(▶p.96)の条件とする「負担つきの遺贈」という方法です。しかし、「本当に面倒をみてくれるのか」と不安もあると思います。そのためにも、生前から信頼してペットを任せられる人を探しておきましょう。

2章

遺言と
遺産分割

遺言書にも種類があります

知っておきたい
Key Word

▶ 遺産相続で子どもや兄弟姉妹などが争わないようにするには、**遺言書**を残しておくのがよいでしょう。

▶ 遺言では、財産の相続分などが指定でき、**法定相続分より優先**されます。

● 遺言書の内容は法定相続より優先される

死後に自分の意思を反映するには、**遺言書**を残すのが有効です。相続に関する事項を記しておくと、法律で決められたものより優先されます。

遺言では、特定の人への**遺贈**（▶ p.96）や、**相続人や相続割合の指定**、特定団体に対する**寄付の指示**などができます。また、未成年後見人の指定や子どもの認知、遺言執行者の指定、祭祀の主宰者の指定といった「身分の指定」ができます。

● 遺言書にはいくつかの種類がある

遺言書には、「普通方式」と「特別方式」があります。特別方式とは、伝染病で隔離されている人が残したり、遭難した船に乗っていて死の危機が迫る乗客が残したりといった、特殊な状況のなかで残す遺言です。通常は、普通方式による遺言書を残すことになります。普通方式の遺言書には、右記の3つがあります。

遺言の変更や撤回はいつでもできます。新たに遺言書を作り、日付を入れると、日付の新しいものが優先される規定です。公正証書遺言の場合は、公証役場に行き、古いものを破棄し、新しく手続きをすればよく、直近のものが、常に効力をもちます。

普通方式の遺言書の種類

自筆証書遺言

遺言を残す人が証人なしで、自筆で作成する遺言書です。すべて手書きで記す必要がありますが、添付する財産目録だけはパソコンで作成したものでもOK。費用がかからず、いつでも簡単に作成することができますが、偽造や改ざん、破棄、隠匿のおそれがあり、また死亡時に発見されなかったり、内容に不備があったり、開封されて無効となったりする可能性もあります。

公正証書遺言

遺言を残す人が口頭で述べる内容を公証人が文書にし、2人の証人を立てて作成します。原本は公証役場に半永久的に保管されるために安心ですが、費用がかかります。

秘密証書遺言

遺言を残す人が作成し、封印した遺言書を証人2人以上と公証役場に持って行き、遺言書の存在を公証役場が証明してくれる遺言書です。偽造や改ざんの恐れはありませんが、自筆証書遺言と同じように、保管に問題があって死亡時に発見されない、あるいは内容に不備があるために無効となる可能性もあります。

自筆証書遺言の保管制度ができます　NEWS!

2020年7月10日より、「法務局における遺言書の保管等に関する法律」が施行され、新たなシステムが開始されます。自筆証書遺言を法務局が預かり、死亡後、相続人が閲覧できるというものです。これにより、紛失や書き換えのおそれがなくなります。

保管してもらえる遺言書は、封のされていない法務省令で定める様式に従ったものである必要があり、保管を依頼するときにチェックがあります。保管中の遺言書を撤回することもでき、その際はデータも消去されます。

- 保管所に保管されている遺言書は、家庭裁判所の検認（▶p.116）が不要になります。
- 相続人の1人に遺言書の写しを交付したとき、または閲覧させたとき、ほかの相続人に遺言書が保管されていることが通知されます。

保管制度のしくみ

遺言書を作成した本人が、保管所へ出向いて手続きをする。

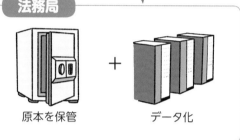

法務局

原本を保管　＋　データ化

死亡したら…

相続人は…
- 遺言書が保管されているかを調べることができる
- 遺言書の写しをもらうことができる
- 保管所にて、原本の閲覧ができる

ミニ情報

遺言書を残したほうがいいケース

相続に関するトラブルを避けるには、遺言書を残しておくのがよいでしょう。次のようなケースでは、特に遺言書を残しておくことをおすすめします。

●**認知していない子どもがいる**

生前に認知できなかった子どもには、相続権はありません。しかし、遺言書で認知すれば、相続権が得られます。

●**相続権のない人に譲りたい**

通常は相続権を持たない内縁の妻や子どもの配偶者、知人など、生前世話になり、遺産を相続させたい場合にも遺言書で指定することができます。

●**家業の後継者を指定したい**

事業用の資産や、農地等の分配方法を明確にしておきましょう。

●**特別受益の持戻しの免除をしたい**

生前に、相続人に事業資金や住宅購入などの金銭的な援助をした場合、遺産分割のときに前渡しとして計算されます。「特別受益」（▶p.104）といいますが、これを前渡しとしないよう遺言で残すことができます。

死亡手続き 直後
死亡手続き 年金・健康保険
死亡手続き 必要に応じた手続き
遺産・相続 基礎
遺産・相続 遺言・分割
遺産・相続 名義変更
遺産・相続 申告・納付

遺言書を発見したら検認を受けましょう

▶ 自筆証書遺言や秘密証書遺言は、**遺言者の死後、家庭裁判所にすぐ提出**し、検認を受けて偽造や改ざんを予防する措置をとります。

▶ 検認のあと、**遺言者検認済証明書**の交付が申請できるようになります。これがあると、遺言の執行ができます。

■封印のある遺言書は勝手に開けてはいけない

遺言者が自分で作成した**自筆証書遺言**（▶ p.114）や、遺言者が作成したものを公証役場で公証する**秘密証書遺言**（▶ p.114）は、遺言者の死後、遺言書の保管者や、遺言書を発見した相続人が、**家庭裁判所で検認**を受けなければいけません。申立てには「**遺言書検認申立書**」を提出します。原本が公証役場に保管されている公正証書遺言は、改ざんなど不正の恐れがないので、検認を受ける必要はありません。

また、封印のある遺言書は、家庭裁判所で相続人が立ち会い、開封しなければいけません。勝手に開封すると、5万円以下の過料が科せられるので注意しましょう。遺言書が封印されていない場合は、開封しても問題ありません。

検認しなくてはいけない遺言書と知っていて、故意に検認を行わなかった場合にも過料が科せられるので、遺言書が見つかったらすみやかに検認手続きを行いましょう。

遺言書検認申立書

申立人	遺言書の保管者、遺言書を発見した相続人
申立先	家庭裁判所
期限	すみやかに
必要書類	□遺言書 □被相続人の出生から死亡までのすべての戸籍(除籍)謄本と申立人、相続人全員の戸籍謄本 または法定相続情報一覧図の写し

遺言書の検認とは

相続人に対して遺言の存在とその内容を知らせ、遺言書の形状、加筆や削除、訂正の状態、日付、署名、印影など、遺言書の内容を明らかにして、以降の遺言書の偽造、改ざんを防ぐことを目的にしています。

気をつけたいのは、検認とはあくまで遺言書の内容を明確にする作業ということです。遺言が有効か無効かを判断するのではありません。遺言の有効・無効を判断するのは、相続人全員です。遺言書の記載不備などで対立が起こるようだったら、弁護士や行政書士に相談してもよいでしょう。

■ 裁判所で遺言書を開封し 内容を確認するのが検認

申立て後、裁判所から検認を行う期日の通知が、申立人や相続人全員に届きます。出席するかどうかは、それぞれの相続人の判断に任されていて、**全員がそろわなくても検認は行われます**。

指定された期日に家庭裁判所に出向いて、申立人と相続人の立ち会いのもと、裁判官が遺言書を開封します。そうして検認が終われば、検認済の遺言書が返却されます。

検認後、「**遺言者検認済証明書**」の交付を申請しましょう。このあとに行う、遺言書の内容を実行する「執行」の各手続きでは、遺言書に検認済証明書を添付する必要があります。ちなみに、遺言書の検認を受けずに遺言を執行した場合は、5万円以下の過料が科せられますので、気をつけましょう。

遺言書の検認手続きの流れ

 ① **遺言書を発見する**

封がされた遺言書を見つけたときは、勝手に開封してはダメ。開けてしまうと、偽造の疑いをかけられる場合があります。

 ② **検認の申立て**

公正証書遺言以外の遺言書が見つかったら、被相続人の住所地を管轄する家庭裁判所に検認の申立てをします。

 ③ **検認期日の通知**

家庭裁判所から、相続人全員に検認の期日が通知されます。

 ④ **遺言書を開封する**

相続人立ち会いのもと、裁判官が遺言書を開封し、検認を行います。このときは、全員が立ち会う必要はありません。

 ⑤ **検認調書の作成**

遺言の検認が終了後、その結果が検認調書に記入されます。

遺言書検認申立書（記入例）

（ゆいごんしょけんにんもうしたてしょ）（きにゅうれい）

> 申立ての内容を明記します。

> 添付書類はケースによって異なることもあるので、確認しましょう。

受付印	

家事審判申立書　事件名（　遺言検認　）

（この欄に申立手数料として1件について800円分の収入印紙を貼ってください。）

（貼った印紙に押印しないでください。）

（注意）登記手数料としての収入印紙を納付する場合は、登記手数料としての収入印紙は貼らずにそのまま提出してください。

収入印紙	円
予納郵便切手	円
予納収入印紙	円

準口頭	関連事件番号　令和　　年（家　）第　　　　　　　　　　号

東京　家庭裁判所　御中　令和 1 年 6 月 20 日	申立人（又は法定代理人など）の記名押印	山田花子　㊞

●添付書類　（審理のために必要な場合は、追加書類の提出をお願いすることがあります。）
申立人の戸籍謄本　相手方の戸籍謄本

	本　籍（国　籍）	（戸籍の添付が必要とされていない申立ての場合は、記入する必要はありません。）東京　㊞道　府県
申立人	住　所	〒 101 - 0000　　　電話 03（1111）1111　東京都港区千駄町7番10号　　　（　　　方）
	連絡先	〒　-　　　電話　（　　）　（　　　方）
	フリガナ　氏　名	ヤマダ ハナコ　山田花子　大正㊙昭和平成令和 16 年 8 月 7 日生（ 78 歳）
	職　業	無職
※ 遺言者	本　籍（国　籍）	（戸籍の添付が必要とされていない申立ての場合は、記入する必要はありません。）都道　府県　申立人の本籍地と同じ
	住　所	〒　-　　　電話　（　　）　申立人の住所と同じ　（　　　方）
	連絡先	〒　-　　　電話　（　　）　（　　　方）
	フリガナ　氏　名	ヤマダ タロウ　山田太郎　大正㊙昭和平成令和 10 年 10 月 11 日生（ 84 歳）
	職　業	無職

（注）　太枠の中だけ記入してください。
※の部分は、申立人、法定代理人、成年被後見人となるべき者、不在者、共同相続人、記入してください。

別表第一（1/　）

> 遺言者と書き入れ、遺言者について記入します。

> 申立人は、遺言書の発見者か保管者なので、申立人が相続人ではないケースもあります。

118

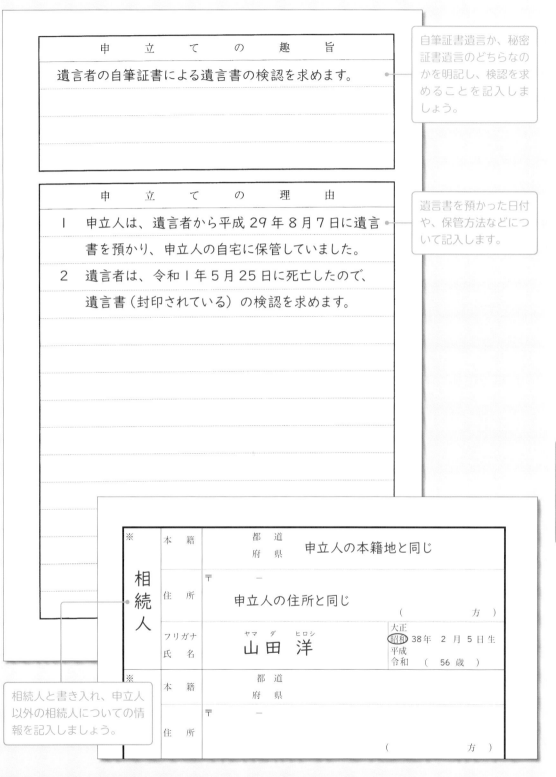

	申	立	て	の	趣	旨	
遺言者の自筆証書による遺言書の検認を求めます。

自筆証書遺言か、秘密証書遺言のどちらなのかを明記し、検認を求めることを記入しましょう。

申 立 て の 理 由

1　申立人は、遺言者から平成 29 年 8 月 7 日に遺言書を預かり、申立人の自宅に保管していました。

2　遺言者は、令和 1 年 5 月 25 日に死亡したので、遺言書（封印されている）の検認を求めます。

遺言書を預かった日付や、保管方法などについて記入します。

※	本　籍	都　道 府　県	申立人の本籍地と同じ	
相続人	住　所	〒　　　－	申立人の住所と同じ	（　　　　　方　）
	フリガナ 氏　名	ヤマ　ダ　　ヒロシ 山 田 洋	大正 ⑱昭和 38 年 2 月 5 日生 平成 令和　（　56 歳　）	
※	本　籍	都　道 府　県		
	住　所	〒　　　－		（　　　　　方　）

相続人と書き入れ、申立人以外の相続人についての情報を記入しましょう。

死亡手続き　直後
死亡手続き　年金・健康保険
死亡手続き　必要に応じた手続き
遺産・相続　基礎
遺産・相続　遺言・分割
遺産・相続　名義変更
遺産・相続　申告・納付

遺言が不公平なときに保障される
最低限の権利、遺留分

▶ 遺言があまりにも理不尽だったり、不公平だったりしたときの救済に、相続人には**遺留分という最低限の権利**があります。
▶ 遺留分は**請求しないと権利がなくなります**。

法定相続人には最低限の権利がある

遺言書の内容は、民法で決められている法定相続より優先され、故人は遺言書を作成することで、財産の処分に関して自分の意思を反映できます。しかし、たとえば一家の主が「全財産を○○の団体に寄付する」と遺言したら、残された遺族が生活に困ることもあります。また、ある特定の相続人が大半を受けつぎ、そのほかの相続人の分があまりにも少なすぎるといったように、不公平な分配で不満が出ることもあるでしょう。

このような事態にならないように、民法では、法定相続人に保障される最低限の相続の割合、「遺留分」が決められています。

遺留分の権利をもつのは兄弟姉妹以外の法定相続人

遺留分の権利は、**遺言によっても侵害されることがありません**。遺留分の権利があるのは、兄弟姉妹以外の法定相続人で、配偶者と直系卑属（子、孫）が法定相続分の1/2、直系尊属（父母、祖父母）が法定相続分の1/3です。

遺留分の権利がある相続人は、自分の相続分に不満がある場合、**ほかの相続人に対して遺留分を請求する、「遺留分減殺請求」**（▶p.122）ができます。つまり、もらいすぎの相続人に、「私の権利分をちょうだい」と請求できるというわけです。

遺留分減殺請求は、相続開始あるいは遺留分の侵害を知ったときから1年で消滅してしまいます。遺留分について知らなかった場合でも、相続開始から10年経つと権利が消滅してしまいます。

ミニ情報 NEWS!

遺留分を金銭で請求できるようになります

2019年7月1日、遺留分制度の見直しが実施。今までの遺留分減殺請求では、財産が不動産などの場合、共有することで対応されてきました。今回の改正からは、遺留分を侵害された人は、遺留分に足りない分を金銭で請求できるようになりました。請求された側が、すぐに支払えない場合は、裁判所で支払期限の猶予を求めることができます。

最低限の取り分、遺留分の割合

●相続人が配偶者のみ

1/2

故人が遺言で自由にできる割合

配偶者

●相続人が子のみ

1/2

故人が遺言で自由にできる割合

子

子が複数人いたら、頭数で等分する。2人なら1/4ずつ、3人なら1/6ずつ

●相続人が配偶者＋子

1/4

故人が遺言で自由にできる割合

配偶者

子

子が複数人いたら、1/4を頭数で等分する

1/4

●相続人が配偶者＋親

1/3

故人が遺言で自由にできる割合

配偶者

親

両親ともに存命の場合は、1/6を2等分する

1/6

●相続人が配偶者＋兄弟姉妹

1/2

故人が遺言で自由にできる割合

配偶者

兄弟姉妹には遺留分がない

兄弟姉妹

●相続人が親のみ

1/3

故人が遺言で自由にできる割合

親

両親ともに存命の場合は、1/3を2等分する

死亡手続き 直後

死亡手続き 年金・健康保険

死亡手続き 必要に応じた手続き

遺産・相続 基礎

遺産・相続 遺言・分割

遺産・相続 名義変更

遺産・相続 申告・納付

遺留分減殺請求書（例）

遺留分減殺請求は、特に方法が決まっていません。申立ては、相手に「遺留分減殺請求書」を配達証明付の内容証明郵便で送るのが一般的です。相手が応じないようであれば、家庭裁判所に申述して調停を求めたり、場合によっては訴訟ということになります。

遺留分減殺請求書

受取人
東京都渋谷区五反田町8丁目15番

山川　一郎　殿

　被相続人の山川幸子は、令和1年5月20日に亡くなりました。

　被相続人・山川幸子の法定相続人は、被相続人の長男である貴殿、次男である私の2名です。

　被相続人は、財産の総額5000万円のうち、4000万円を貴殿に、1000万円を私に遺贈するとの遺言書を残しておりました。

　私の遺留分は、遺産全体の4分の1に当たりますが、上記の遺言は私の遺留分を侵害しております。

　よって、私は、貴殿に対して遺留分減殺を請求いたします。

　令和1年7月20日

差出人
神奈川県川崎市三角州3丁目10番

相続人　山川　次郎

たとえば…

　たとえば、母と兄弟2人の家族で母が死去し、遺言書を残しました。財産の総額5000万円のうち、長男が4000万円、次男が1000万円ということでしたが、あまりにも差がありすぎて、次男は不満があります。次男は長男に対して、次のように遺留分減殺請求をすることができます。

　法定相続だと長男、次男とも1/2を受けつぐので、それぞれ2500万円がもらえるはずです。次男の遺留分は法定相続の1/2分なので、1250万円です。遺留分と遺言との差額は1250 − 1000 = 250。よって、250万円を長男に請求することになります。

死亡手続き　直後

死亡手続き　年金・健康保険

死亡手続き　必要に応じた手続き

遺産・相続　基礎

遺産・相続　遺言・分割

遺産・相続　名義変更

遺産・相続　申告・納付

提出期限
3ヵ月以内

故人に借金があれば
相続の方法を検討しましょう

これが
重要!

▶ 借金、ローンといったマイナスの財産が多いときには、**相続を放棄する**こともできます。
▶ マイナスの財産がどのくらいあるのかわからないときは、まずは**限定承認の**
手続きをするとよいでしょう。

相続する財産が
負債のほうが多い場合もある

遺産を相続できるからといって、必ずしも利益になるとは限りません。遺産のなかには借金やローンなど、マイナスの価値があるものもあるからです。

プラスとなる財産の主なものは、土地、預貯金、株式、家屋・借地権、自動車、宝石、著作権などがあります。一方、マイナスの財産としては、借金、住宅ローン、未払いの家賃・税金・医療費などがあげられます。

相続するとき、不利益にならないように、①すべてを引きつぐ「**単純承認**」、②すべてを引きつがない「**相続放棄**」、③相続した財産のなかだけで責任を負う「**限定承認**」という３つの選択肢があります。②と③は、死亡後、３か月以内に家庭裁判所への申立てをしなければいけません。

相続放棄と限定承認は
家庭裁判所に申請

相続放棄には、「**相続放棄申述書**」を家庭裁判所に提出します。手続きをすませると、原則として撤回や代襲相続（▶ p.100）が

できなくなるので、よく考える必要があります。相続放棄をしても、受取人が指定された生命保険や死亡退職金は受け取ることができます。

限定承認は、相続した資産内で借金を返済し、相続人自身の資産から返済する義務は生じません。借金がどれほどあるかなど、遺産の全体像がわからないときなどに有効です。ただし、限定承認は相続人全員で行うことが前提で、１人でも反対すれば認められません。申請には「家事審判申立書（相続の限定承認）」を家庭裁判所に提出します。

ミニ情報

家業をつぐ相続人以外は
相続放棄するという方法も

相続放棄は、相続人、１人１人ができます。たとえば、家業が農業で、遺産の農地を複数の相続人で分けると、後継者が農業を続けることができないといったケースでは、その他の相続人が相続放棄をすることで、後継者に家業を続けさせることができます。

相続の3つの方法

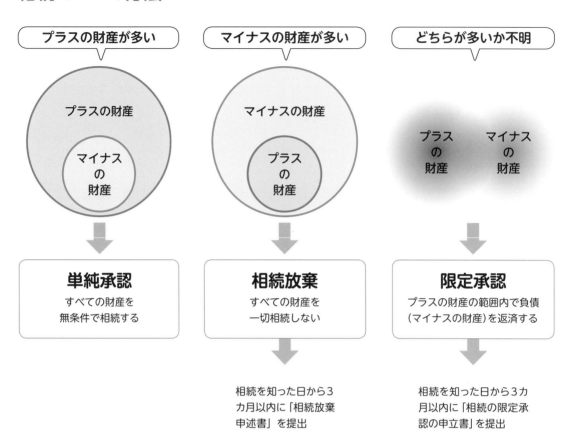

プラスの財産が多い	マイナスの財産が多い	どちらが多いか不明
プラスの財産 / マイナスの財産	マイナスの財産 / プラスの財産	プラスの財産 マイナスの財産
単純承認	**相続放棄**	**限定承認**
すべての財産を無条件で相続する	すべての財産を一切相続しない	プラスの財産の範囲内で負債（マイナスの財産）を返済する
	相続を知った日から3カ月以内に「相続放棄申述書」を提出	相続を知った日から3カ月以内に「相続の限定承認の申立書」を提出

そうぞくほうき し んじゅつしょ **相続放棄申述書**	
届け出人	相続を放棄しようとする相続人
届け出先	家庭裁判所
期限	3カ月以内
必要書類	□申述人の戸籍謄本と 　被相続人の出生から死亡までの 　すべての戸籍（除籍）謄本、 　または法定相続情報一覧図の写し □被相続人の除住民票など

書き方 ▶ p.125

か じ しんぱんもうしたてしょ そうぞく げんていしょうにん **家事審判申立書(相続の限定承認)**	
届け出人	相続人全員
届け出先	家庭裁判所
期限	3カ月以内
必要書類	□申立人全員の戸籍謄本と 　被相続人の出生から死亡までの 　すべての戸籍（除籍）謄本、 　または法定相続情報一覧図の写し □被相続人の除住民票など

書き方 ▶ p.126

相続放棄申述書（記入例）

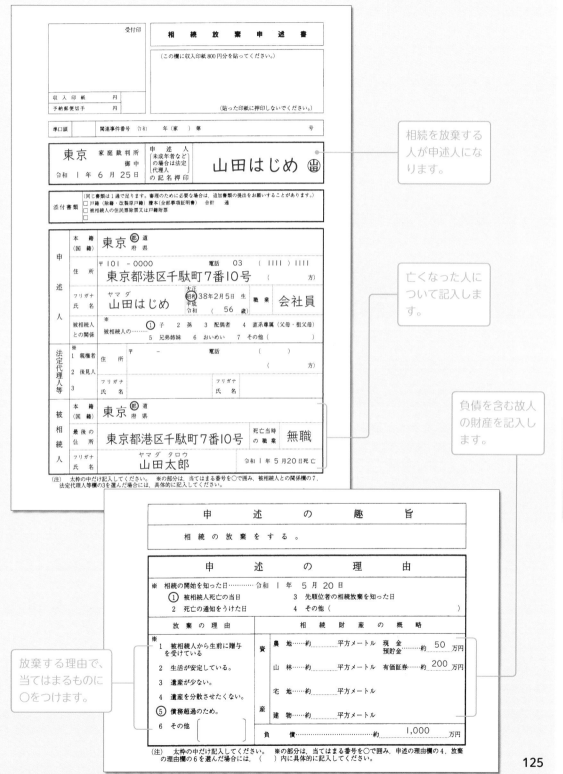

死亡手続き 直後

死亡手続き 年金・健康保険

死亡手続き 必要に応じた手続き

遺産・相続 基礎

遺産・相続 遺言・分割

遺産・相続 名義変更

遺産・相続 申告・納付

二重線を引いた部分に、申述人の印鑑も押します。

受付印

家事審判申立書　事件名（　相続の限定承認　）

（この欄に申立手数料として1件について800円分の収入印紙を貼ってください。）

（貼った印紙に押印しないでください。）

（注意）登記手数料としての収入印紙を納付する場合は、登記手数料としての収入印紙は貼らずにそのまま提出してください。

収入印紙	円
予納郵便切手	円
予納収入印紙	円

申立ての内容を明記します。

準口頭	関連事件番号　令和　　年（家　　）第　　　　　　号

東京 家庭裁判所 御中 令和 1 年 6 月 25 日	申立人 （又は法定代理人など） の記名押印	山田花子 ㊞ 山田はじめ ㊞

相続の限定承認は、相続人全員で行います。印鑑も、全員分押しましょう。

（審理のために必要な場合は、追加書類の提出をお願いすることがあります。）

添付書類	申立人の戸籍謄本2通

申述人

本籍（国籍）	（戸籍の添付が必要とされていない申立ての場合は、記入する必要はありません。） 都道府県
住所	〒　－　　　　　　　電話　（　　） （　　　　方）
連絡先	〒　－　　　　　　　電話　（　　） （　　　　方）
フリガナ 氏名	ヤマダ ハナコ 山田花子	大正 昭和 平成 令和 20年 5月 7日生 （ 74 歳）
職業	

※申述人

本籍（国籍）	（戸籍の添付が必要とされていない申立ての場合は、記入する必要はありません。） 都道府県 申述人山田花子の本籍と同じ
住所	申述人山田花子の住所と同じ 〒　－　　　　　　　電話　（　　） （　　　　方）
連絡先	〒　－　　　　　　　電話　（　　） （　　　　方）
フリガナ 氏名	ヤマダ 山田はじめ	大正 昭和 平成 令和 40年 4月25日生 （ 54 歳）
職業	

（注）　太枠の中だけ記入してください。
※の部分は、申立人、法定代理人、成年被後見人欄の記入してください。

申　立　て　の　趣　旨
被相続人の相続人につき、限定承認します。

申述人と被相続人との続柄や、相続の限定承認にいたった経緯などを簡潔に記入します。

申　立　て　の　理　由
1. 申述人らは、被相続人の配偶者と子であり、相続人は申述者だけです。
2. 被相続人は、令和1年5月20日に死亡して、その相続が開始しました。
申述人らは、いずれも被相続人の死亡当日に相続の開始を知りました。
3. 被相続人には、別添の遺産目録記載の遺産がありますが、相当の債務もあり、
申述人らはいずれも相続によって得た財産の限度で債務を
弁済したいと考えていますので、限定承認をすることを申述します。
なお、相続財産管理人には、申述人の山田花子を選任していただくよう希望します。

申述人が複数いる場合は、相続財産管理人を誰にするか決め、この書類にも明記する必要があります。

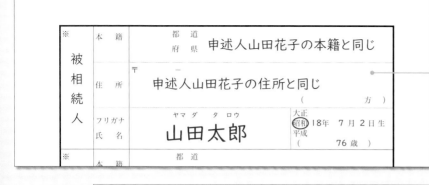

亡くなった人について の情報を記入します。

土地や建物の備考欄には、評価額も明記しましょう。

遺　産　目　録（□特別受益目録）

【土　地】

番号	所　　在	地　番	地目	地　積	備　考
		番		平方メートル	建物1の敷地、評価額5000万円 三角銀行の抵当権（建物と共同抵当）あり 残額6000万円
1	東京都港区千駄町	11　1	宅地	150　00	

遺　産　目　録（□特別受益目録）

【建　物】

番号	所　　在	家屋番号	種類	構　造	床面積	備　考
					平方メートル	土地1上の建物 評価額700万円 土地1と共同抵当
1	東京都港区千駄町	1	居宅	鉄骨造2階建	50　00	

遺　産　目　録（□特別受益目録）

【現金, 預・貯金, 株式等】

番号	品　　目	単　位	数量（金額）	備　考
1	東西銀行普通預金（口座 000-11111）		3,500,000 円	申述人花子が保管
2	負債 債権者 南北銀行本店		借入金 6500万円 利息〇% 損害金〇%	残額約6000万円 土地建物に抵当

資産と負債について、記入します。土地、建物など、財産のジャンルごとに用紙が分かれているので書き分けます。

【CASE 1】

Q 財産は夫名義の自宅のみ。夫が亡くなったら
自宅を売却して子どもたちに分けなくてはいけませんか?

A 2020年から、20年以上の婚姻関係にあれば
無償で住み続けられます。

　一般的に、子どもが母親を自宅から追い出して実家を売却するケースはほとんどありません。ただし、夫婦に子どもがなく、相続人が妻と夫の兄弟姉妹になった場合は、家を売却して遺産を分けろといわれることもあるかもしれません。この場合は、不動産を売却した金銭を分けるか、不動産の所有権を相続人で共有するという方法が一般的でした。しかし、2020年4月1日以降に開始される改正では、配偶者居住権が創設されます(▶ p.93)。ほかの相続人が反対した場合でも、配偶者はこれまで住んでいた家に無償で住み続けることができます。

【CASE 2】

Q 父親が再婚後、亡くなりました。
父の配偶者に財産が渡るのが
許せません…

A 配偶者は、常に相続人になります。

　被相続人の配偶者は相続人として最も優先順位が高い存在です。再婚相手は配偶者として、被相続人の財産の2分の1をもらう権利があります。離婚した元配偶者には相続権はありませんが、子どもたちには、残りの2分の1の財産を相続する権利があります。

　もしも、被相続人が「再婚相手に全財産を相続させる」という遺言書を残して、ほかの相続人の取り分を侵害していた場合は、再婚相手に対して、遺留分減殺請求ができます(▶ p.120)。遺留分減殺請求をすると、もともとの法定相続分の2分の1を取り戻すことができます。

【CASE 3】

Q 形見分けで
譲り受けたものは、
相続財産に入りますか?

A 貴金属など高価なもので
あれば財産に含まれます。

　「形見分け」とは、故人と親交のあった人たちに、遺品を贈ることです。生前に故人から譲り受ける約束をしていたものや、死後、遺族で話し合うなどして形見分けを行うことが一般的です。

　正確には、形見分けも遺産に含まれます。ただし、遺産分配については、遺産の種類や相続人の事情が考慮されます。そのため、金銭的価値の高くない雑貨や古着などは、形見分けをしても問題ありません。

　しかし、高価な反物や宝石・貴金属等は、遺言書で指定されている場合を除いて、形見分けできません。生前に故人から、「このダイヤモンドは○○にあげる」と言われていたとしても、遺産としてみなされるため、受け取るには相続人同士で話し合うことが必要になります。高価な形見を、死後、勝手に持ち出すなどして、トラブルにならないようにしましょう。

【CASE 4】

Q 夫に借金がありました。
自宅を売っても
返済しなければなりませんか?

A 借金が大きければ、
相続放棄も考えましょう。

　相続には単純承認、相続放棄、限定承認の3種類がありますが（▶ p.123）、このケースはすべての遺産を引きつぐ単純承認とみなされたためでしょう。被相続人に借金があり、その借金を相続したくない場合、相続放棄か限定承認の手続きを行います。気をつけなければいけないのは、手続きには期限があることです。

　熟慮期間（相続開始から3カ月）に、相続放棄や限定承認の手続きを行わないと、自動的に単純承認とみなされてしまいます。借金取り（債権者）側も、このことを把握しているので、熟慮期間が過ぎ、単純承認したことがわかれば、返済を迫ってくるはずです。

　故人が思わぬところに借金やローンを抱えている可能性もあります。そのため、遺産をリストアップする際には、きちんと調べることを心がけましょう。

遺産の分割方法

知っておきたい
Key Word

▶ 遺言書が残されていなければ、**法定相続人全員で遺産の分割につ**いて協議する**遺産分割協議**を行います。

▶ 遺産の分割は、**相続人全員が同意しなければ効力がないので注意**しましょう。

● 相続人が全員の同意で協議が成立する

法定相続人（以下、相続人）が複数いるときは、遺産を分割しなければなりません。遺言書の内容にそって分割する方法を「**指定分割**」といいます。一方、遺言書がない場合は、相続人全員で協議をして分割します。これを「**遺産分割協議**」といいます。遺産分割協議では、相続人が１人でも欠けると成立しないので、まずは誰が相続人なのかをしっかり確認することが大事です。相続人のなかに、未成年者や行方不明者がいる場合は、その手続きをすませておく必要があります（▶ p.106、p.108）。

● 代襲相続人も忘れずに参加させる

被相続人の子どもがすでに死亡しているときや、相続欠格者や、相続権を廃除された人がいたら、その子どもや孫が**代襲相続人**となるので忘れないようにしましょう。

包括遺贈（▶ p.96）といって、遺言で「遺産の３分の１を譲る」というように指定された人も、割合だけが示されていて、具体的に何をどのように受けつぐか判然としないので、協議に加わります。

遺産分割に法的な期限はありませんが、相続税の**申告は 10 カ月以内**に行います。申告時に、未分割の財産があると優遇措置（配偶者の税額軽減、小規模宅地の特例）が受けられなくなるので、早めにすませましょう。もしも分割が終わらなかった場合は、その旨を申請する手段もあります。

未分割申告 ▶ p.185、186

こんなときは マイナスの遺産の分け方は？

借金などのマイナスの財産も、相続分にそって負担することになります。分け方は法的には決められていませんが、分割協議で誰がどう返済するのか、決めておく必要があるでしょう。とはいえ、債権者にはその取り決めは関係ありません。返済が難しい負債なら、相続放棄（▶ p.123）も考えましょう。

遺産の分け方は主に３とおり

遺産分割協議は、民法の法定相続分を目安に話し合います。遺産は、農地や自宅の家屋といった不動産のように、分割に不向きなものもあります。その場合、**現物分割、代償分割、換価分割**のような方法で分割し、合意を目指します。

全員の合意が得られたら、「**遺産分割協議書**」を作成し、全員が署名、押印します（▶ p.132）。協議分割は相続人の誰か１人でも同意しなければ、成立しません。どうしてもまとまらないときは、家庭裁判所に遺産分割の調停や審判を申立てます（▶ p.134）。

遺産分割の方法

現物分割

　財産をそのままの形で分ける方法で、「預貯金は○○に」「宅地は□□に」と決めていきます。

代償分割

　特定の相続人が、相続分を超えて不動産や動産などを相続する代わりに、ほかの相続人に超えた分を現金で支払う方法です。

換価分割

　財産を売却して現金に換え、各相続人に分割する方法です。ただし、譲渡所得として所得税の課税がある場合もあるので注意してください。

遺産分割協議がまとまらなかったときの流れ

```
遺産分割協議が不成立
      ↓
家庭裁判所へ調停申立て
＊ここで申立人が合意すれば、調停が成立します。
      ↓
調停が不成立
      →
家庭裁判所で審判
      ↓
審判が成立
（遺産分割が成立）
```

遺産分割協議がまとまらなかったとき ▶ p.134

死亡手続き 直後

死亡手続き 年金・健康保険

死亡手続き 必要に応じた手続き

遺産・相続 基礎

遺産・相続 遺言・分割

遺産・相続 名義変更

遺産・相続 申告・納付

遺産分割協議書の作成

知っておきたい
Key Word

▶ のちのトラブルを避けるため、**相続人全員の合意**内容を文書に残し、それぞれが手元に保存します。

▶ 相続人全員が署名・押印し、印鑑証明書をつけて保存します。

誰が何を相続するのか 明確に書くこと

相続人全員が遺産分割に合意したら、のちのトラブルを避けるためにも「**遺産分割協議書**」を作成しておくのが一般的です。作成は義務ではありませんが、不動産を相続して登記するときや、預貯金の名義変更、相続税の申告などをするときなどに必要なので、作成しておいたほうがよいでしょう。

遺産分割協議書に決められた書式はありません。縦書き・横書き、手書き・ワープロ書きなど、どのような形でもかまいません。**誰が何を相続するかが、明確に書かれていることが大切**です。また、分割が適切に行われたことがわかるように、**相続人全員の署名と、実印での押印が必要**です。

不動産の記載は、のちに名義変更をすることを考えて、登記事項証明書（旧・登記簿謄本）のとおりに記載します。

相続人全員の署名と 実印の押印が必要

遺産分割協議書は相続人の数だけ作成し、それぞれが署名・実印で押印し、印鑑証明を添えて1通ずつ保管します。用紙が複数になるときは、用紙と用紙のとじ目に、相続人全員の割印が必要です。

遺産分割協議書は、相続税の計算・申告を頼んだとき、税理士が作成してくれることもあります。

遺産分割協議書

届け出人	相続人
届け出先	申請内容によって異なる
期限	なし
必要書類	申請内容によって異なる

こんな ときは

遺産分割協議書を作成したあとに 遺言書が出てきたら？

基本的に遺産分割協議の内容は無効となります。しかし、相続人全員の合意が得られれば、遺産分割協議の内容は有効となる場合もあります。

遺産分割協議書（例）
<small>い さんぶんかつきょう ぎ しょ</small>

各自が相続した財産を
それぞれ明記します。

遺産分割協議書

　被相続人山田太郎（令和1年5月20日死亡）の遺産については、相続人である山田花子、
山田はじめ、山田幸子で遺産分割の協議を行った結果、次の通りに分割することを同意しました。

1. 相続人　山田花子は、次の財産を相続する。
    - 宅地　　東京都渋谷区五反田町8番15号
    - 　　　　100平方メートル
    - 家屋　　同所同番地所在　家屋番号8番
    - 　　　　木造瓦葺2階建
    - 　　　　床面積200平方メートル

2. 相続人　山田はじめは、次の財産を相続する。
    - 預金　　いろは銀行渋谷本店
    - 　　　　定期預金（口座番号1265467）1,300万円
    - 有価証券　株式会社ABC建設の株式　3,000株

3. 相続人　山田幸子は、次の財産を相続する。
    - 預金　　にほへ銀行南渋谷支店
    - 　　　　普通預金（口座番号9876543）1,000万円

　以上のように、相続人全員による遺産分割協議が成立したので、これを証明するため本書3枚
を作成し、書名押印のうえ、各1通ずつ所持します。

　　令和1年7月20日

　　　　　　　　　　　　　　　東京都渋谷区五反田町8丁目15番
　　　　　　　　　　　　　　　相続人　　山田花子㊞

　　　　　　　　　　　　　　　東京都江東区豊川11-1002
　　　　　　　　　　　　　　　相続人　　山田はじめ㊞

　　　　　　　　　　　　　　　東京都港区千駄町9丁目11番
　　　　　　　　　　　　　　　山田幸子の特別代理人　田中良子㊞

相続人全員と、特別代理人
の署名と押印が必要です。

相続人に未成年者がいれば、特
別代理人が署名・押印します。

死亡手続き　直後

死亡手続き　年金・健康保険

死亡手続き　必要に応じた手続き

遺産・相続　基礎

遺産・相続　遺言・分割

遺産・相続　名義変更

遺産・相続　申告・納付

133

遺産分割協議が
まとまらなかったら

▶ 話し合いがまとまらないときは、**家庭裁判所に調停を申立て**ます。

▶ 調停でも合意に至らなければ、家庭裁判所の
審判官が分割を決める審判に進みます。

● 協議がまとまらなければ
● 家庭裁判所での調停・審判

　遺産分割協議では、相続人同士の利害が対立して、協議がまとまらないことがあります。当事者同士だと冷静に考えられないこともあるので、弁護士などの第三者に間に入ってもらうのも手です。しかし、それでもまとまらなければ、家庭裁判所に申立てをし、**調停や審判**によって遺産分割をします。

　調停による分割では、家庭裁判所で調停委員会の立ち会いのもとに、調停委員会の助言を受け、相続人が話し合い、合意を目指します。申立てには、「**遺産分割調停申立書**」を提出します。合意が成立したら、合意内容をまとめた**調停調書**を作成し、これにそって遺産を分割します。

　調停でも合意が得られなければ、審判での分割に進みます。家庭裁判所の調査をもとに、家事審判官が分割のしかたを決定する解決方法です。審判が下されたら、その内容を記した「**審判書**」が出されます。以後の手続きに必要となるので、なくさないようにしましょう。

遺産分割調停申立書

届け出人	1人以上の相続人
届け出先	被相続人の住居地か、相続人全員が同意した家庭裁判所
期限	なし
必要書類	□被相続人の出生から死亡までのすべての戸籍（除籍）謄本と相続人全員の戸籍謄本、または法定相続情報一覧図の写し □相続人全員の住民票、または戸籍の附票 □遺産目録 □登記事項証明書 □固定資産評価証明書 □預貯金の残高証明証 □印鑑

死亡手続き 直後

死亡手続き 年金・健康保険

死亡手続き 必要に応じた手続き

遺産・相続 基礎

遺産・相続 遺言・分割

遺産・相続 名義変更

遺産・相続 申告・納付

遺産分割調停申立書 （記入例）

（い さんぶんかつちょうていもうしたてしょ）

「調停」にチェックをします。

添付する書類をチェックします。

この申立書の写しは，法律の定めるところにより，申立ての内容を知らせるため，相手方に送付されます。

受付印	遺産分割	☑ 調停	申立書
		□ 審判	

（この欄に申立て1件あたり収入印紙1,200円分を貼ってください。）

（貼った印紙に押印しないでください。）

収入印紙	円
予納郵便切手	円

東京 家庭裁判所 御中 令和 1 年 7 月 25 日	申立人 （又は法定代理人など） の記名押印	山田花子 ㊞

準口頭

（審理のために必要な場合は，追加書類の提出をお願いすることがあります。）

添付書類	☑ 戸籍（除籍・改製原戸籍）謄本（全部事項証明書） 合計 1 通 □ 住民票又は戸籍附票 合計 通　☑ 不動産登記事項証明書 合計 2 通 ☑ 固定資産評価証明書 合計 2 通　☑ 預貯金通帳写し又は残高証明書 合計 1 通 ☑ 有価証券写し 合計 1 通　□

添付する書類をチェックします。

当 事 者	別紙当事者目録記載のとおり		
被相続人	本 籍（国籍）	東京 ㊞都 道 府県	渋谷区五反田町8番15号
	最後の住 所	東京 ㊞都 道 府県	渋谷区五反田町8番15号
	フリガナ 氏 名	ヤマダ タロウ 山田太郎	令和 1 年 5 月 20 日死亡

申 立 て の 趣 旨

被相続人の遺産の分割の （ □ 調停 ／ □ 審判 ） を求める。

「有」の場合、特別受益のリストを別紙につけます。

申 立 て の 理 由

遺産の種類及び内容	別紙遺産目録記載のとおり				
被相続人の債務	□ 有	／	☑ 無	／	□ 不明
☆ 特別受益	□ 有	／	☑ 無	／	□ 不明
遺 言	□ 有	／	☑ 無	／	□ 不明
遺産分割協議書	□ 有	／	☑ 無	／	□ 不明
申立ての動機	☑ 分割の方法が決まらない。 □ 相続人の資格に争いがある。 □ 遺産の範囲に争いがある。 □ その他（　　　　　　　　　　　　　　　　）				

申立ての理由を選んでチェックします。

「有」の場合は、遺言の種類などを備考欄に明記します。

（注）太枠の中だけ記入してください。
　　□の部分は該当するものにチェックしてください。
　　☆の部分は，被相続人から生前に贈与を受けている等特別な利益を受けている者の有無を選択してください。「有」を選択した場合には，遺産目録のほかに，特別受益目録を作成の上，別紙として添付してください。

遺産（1/ ）

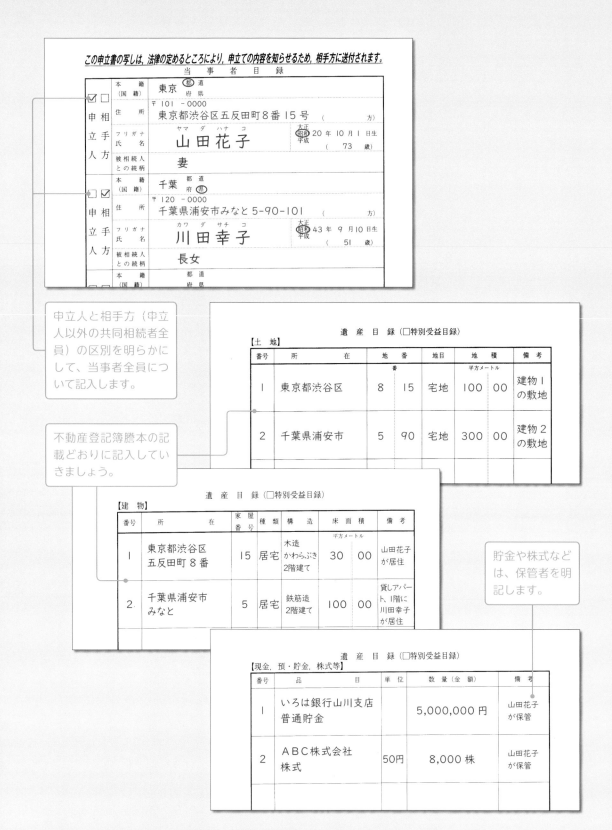

この申立書の写しは、法律の定めるところにより、申立ての内容を知らせるため、相手方に送付されます。

当 事 者 目 録

	本　籍 (国籍)	東京 ㊐道 府県		
☑申立人 □相手方	住　所	〒101-0000 東京都渋谷区五反田町8番15号	（　　　方）	
	フリガナ 氏　名	ヤマ　ダ　ハナ　コ 山田花子	大正 ㊐ 平成 20年10月1日生 （ 73 歳）	
	被相続人 との続柄	妻		
□申立人 ☑相手方	本　籍 (国籍)	千葉 都道 府㊐		
	住　所	〒120-0000 千葉県浦安市みなと5-90-101	（　　　方）	
	フリガナ 氏　名	カワ　ダ　サチ　コ 川田幸子	大正 ㊐ 平成 43年9月10日生 （ 51 歳）	
	被相続人 との続柄	長女		
	本　籍 (国籍)		都道 府県	

申立人と相手方（申立人以外の共同相続者全員）の区別を明らかにして、当事者全員について記入します。

不動産登記簿謄本の記載どおりに記入していきましょう。

遺 産 目 録 （□特別受益目録）
【土地】

番号	所　　　在	地　番		地目	地　積	備　考
		番			平方メートル	
1	東京都渋谷区	8	15	宅地	100	00	建物1 の敷地
2	千葉県浦安市	5	90	宅地	300	00	建物2 の敷地

遺 産 目 録 （□特別受益目録）
【建物】

番号	所　　　在	家屋 番号	種類	構造	床面積	備　考
					平方メートル	
1	東京都渋谷区 五反田町8番	15	居宅	木造 かわらぶき 2階建て	30	00	山田花子 が居住
2	千葉県浦安市 みなと	5	居宅	鉄筋造 2階建て	100	00	貸しアパート、1階に 川田幸子 が居住

貯金や株式などは、保管者を明記します。

遺 産 目 録 （□特別受益目録）
【現金，預・貯金，株式等】

番号	品　　　　　目	単位	数量（金額）	備　考
1	いろは銀行山川支店 普通貯金		5,000,000円	山田花子 が保管
2	ABC株式会社 株式	50円	8,000株	山田花子 が保管

3章

遺産の名義変更

遺産分割後に行う名義変更手続き

知っておきたい Key Word

▶ 土地や建物などの所在や権利関係などを国が記録しているのが不動産登記です。自動車などは所有権が登録されています。相続には、これらの変更が必要です。

▶ 名義のある遺産は、故人から相続人に名義を変更しないと、相続は完了しません。

■ 遺産の名義変更は 早めに済ませておく

遺産分割協議が終わり、相続する遺産が決まったら、現金や美術品などの動産は、引き取ることで相続終了です。しかし、登記制度のある土地・建物などの不動産や、登録制度のある自動車は、名義を被相続人から相続人に変更しなければ、相続が完了したことにはなりません。郵便貯金や銀行預金なども、口座の名義変更や解約手続きが必要です。

遺産の名義変更に法的な期限はありませんが、なるべく早めにすませておきましょう。

名義変更に必要な主な書類

名義変更の手続きには、さまざまな書類が必要になります。まとめて用意するとよいでしょう。

多くの場合で必要となるもの

相続人全員の戸籍の全部事項証明書（戸籍謄本）または、法定相続情報一覧図の写し
被相続人の出生から死亡までのすべての戸籍（除籍）の全部事項証明書（戸籍〈除籍〉謄本）または、法定相続情報一覧図の写し
実印
印鑑証明
住民票

戸籍謄本、除籍謄本は、本籍のある市区町村役所で取得。
法定相続情報一覧図は、法務局で申請する

法定相続情報一覧図 ▶ p.140

居住している市区町村役所で取得。

遺産が新しい名義人にわたることがわかるもの

※ 以下のものが存在する場合には、求められることがあるのでそろえておくとよい

遺言書	▶ p.114
遺産分割協議書	▶ p.132
調停調書	▶ p.134
審判書	▶ p.134

遺産相続に必要な主な名義変更手続き

遺 産		必要な手続き	申請先
銀行預貯金	▶ p.144	名義変更または解約	各金融機関
ゆうちょ銀行	▶ p.146	名義変更または解約	ゆうちょ銀行・郵便局の貯金窓口
株式や金融商品	▶ p.150	名義変更	証券会社、信託銀行
不動産（土地・建物）	▶ p.153	所有権移転登記	登記所（不動産所在地の法務局）
自動車	▶ p.156	移転登録	陸運局
生命保険	▶ p.162	契約者の名義変更	各生命保険会社
個人事業	▶ p.158	開業・廃業等届	税務署
法人事業	▶ p.161	役員変更登記／異動届	登記所／税務署
電話加入権	▶ p.78	加入権の承継手続き	NTT
借地権		名義変更	貸主
ゴルフ会員権		名義変更	所有する会社

column

遺言書（ゆいごんしょ）があるときの「執行（しっこう）」と「遺言執行者（ゆいごんしっこうしゃ）」

遺言の内容を実行することを「執行」といいます。遺言の内容どおりに、遺産を分け、名義を書き換えたりすることです。

自筆証書遺言と秘密証書遺言の執行の際には、遺言書に家庭裁判所の「検認済証明書（けんにんずみしょうめいしょ）」がついていることが必要です（▶p.116）。たとえば、預貯金の名義変更には遺言書が必要で、その際に検認済証明書を一緒に提出します。

執行のために手続き全般を行う人や法人（税理士事務所、信託会社など）を「遺言執行者」といいます。遺言書に指定がなければ、遺言執行者は、未成年や相続欠格者（▶p.100）以外なら誰でもなることができます。

当事者が執行人になったとき、ほかの相続人から不満が出るようなら、専門知識をもつ弁護士や税理士などを遺言執行者に立てるとよいでしょう。その際には、家庭裁判所に遺言執行者の選任の申立てをします。

死亡手続き 直後

死亡手続き 年金・健康保険

死亡手続き 必要に応じた手続き

遺産・相続 基礎

遺産・相続 遺言・分割

遺産・相続 名義変更

遺産・相続 申告・納付

書類取得の負担が軽くなる
「法定相続情報証明制度」

これが重要！

▶ 2018年5月29日から開始された制度で、利用すれば各金融機関などに提出する書類の量が少なくなります。

▶ 法務局（登記所）で「**法定相続情報一覧図の写し**」を、必要な部数交付してもらいます。

■ 法定相続人が誰であるのかを 登記官が証明する

　相続人の手続きの負担が軽くなるようにと、2018年5月29日から開始されたのが「**法定相続情報証明制度**」です。簡単に言うと、戸籍謄本等の書類一式をそろえて法務局に提出すると「**法定相続情報一覧図の写し**」が交付され、それが各所での手続きに使用できるというものです。

　この制度は使わなくてもよいのですが、使わないと手続き先にその都度、関係者全員の戸籍謄本等一式を提出しなければならなく、さらに確認後、戻ってきたものを次の手続き先へ提出するという手間も時間もかかり

ます。この制度の実施で、確認する金融機関のほうも、書類が多くてチェックに時間がかかっていたのが軽減され、手続きの時間も短縮しました。

法定相続情報証明制度を利用できる主な手続き

- ● 不動産の登記
- ● 自動車の登録
- ● 船舶の登記
- ● 預貯金の名義変更や解約
- ● 株式の名義変更や解約
- ● 投資信託の名義変更や解約
- ● 相続税申告

この制度を使わないと

1か所の届け出先に相続人全員の戸籍謄本を提出。返却してもらわなければ次の届け出先へ提出できない。

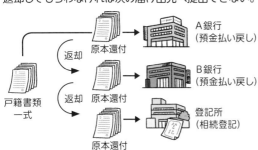

この制度では

届け出先がいくつもある場合、手続きが同時に進められる。

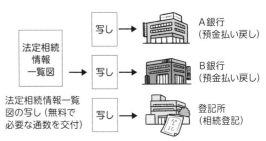

死亡手続き 直後

死亡手続き 年金・健康保険

死亡手続き 必要に応じた手続き

遺産・相続 基礎

遺産・相続 遺言・分割

遺産・相続 名義変更

遺産・相続 申告・納付

<ruby>法定相続情報証明制度<rt>ほうていそうぞくじょうほうしょうめいせい</rt></ruby><ruby>度<rt>ど</rt></ruby>

法定相続情報証明制度の流れ

 申出（書類の提出）

1 関係者の「戸除籍謄本」等を市町村から集める。

2 「法定相続情報一覧図」をつくる。

被相続人と相続人が含まれた、家系図のような情報一覧図をつくります。法務局に見本があるほか、法務省のホームページに、「相続人が配偶者と子の場合」「相続人が子のみの場合」「代襲相続が生じている場合」など、さまざまなケースのひな形があり、ダウンロードして書きこむことができます。

「法定相続情報一覧図」の書き方は▶ p.143

3 「法定相続情報一覧図の保管及び交付の申出書」を書き、**1 2**の書類を添付して登記所に提出。

提出する管轄の登記所は、法務局のホームページで調べられます。

「法定相続情報一覧図の保管及び
交付の申出書」の書き方は▶ p.142

 確認・交付

登記官が確認、法定相続情報一覧図が登記所に保管されます。すると「認証文つき法定相続情報一覧図の写し」が交付され、「戸除籍謄本」等が返却されます。写しは、必要な部数をもらうことができます。

 相続手続きに利用

相続人全員の戸籍謄本の代わりに、各種手続きの際に提出できます。また、5年間の保管期間中は、申出人の申請、または申出人の委任状があれば、再交付もできます。

法定相続情報一覧図の保管 及び交付の申出書	
届け出人	相続人の代表（申出人となる）
届け出先	①～④いずれかの法務局（登記所） ①被相続人の本籍地 ②被相続人の最後の住所地 ③申出人の住所地 ④被相続人の不動産の所在地
期限	なし
必要書類	□相続人全員の戸籍謄本 □法定相続情報一覧図 □申出人の印鑑

書き方▶ p.142

法定相続情報一覧図の保管及び交付の申出書 （記入例）

別記第1号様式

法定相続情報一覧図の保管及び交付の申出書

（補完年月日 令和 年 月 日）

申出年月日	令和 1 年 7 月 1 日	法定相続情報番号	－ －

被相続人の表示	氏　名　山田太郎 最後の住所　東京都渋谷区五反田町 8-15 生年月日　昭和12年 2月17日 死亡年月日　令和1年 5月20日
申出人の表示	住所　東京都江東区豊川 11-1002 氏名　山田はじめ　　　㊞ 連絡先　　03 － 1234 －5678 被相続人との続柄　（　　　長男　　　　）
代理人の表示	住所（事務所） 氏名　　　　　　　㊞ 連絡先　　　　－　　　－ 申出人との関係　□法定代理人　□委任による代理人
利用目的	☑不動産登記　☑預貯金の払戻し　☑相続税の申告 □その他（　　　　　　　　　　　　　　　　　　　）
必要な写しの通数・交付方法	5 通　（　□窓口で受取　☑郵送　） ※郵送の場合，送付先は申出人（又は代理人）の表示欄にある住所（事務所）となる。
被相続人名義の不動産の有無	☑有　（有の場合，不動産所在事項又は不動産番号を以下に記載する。） □無　　東京都渋谷区五反田町 8-15
申出先登記所の種別	□被相続人の本籍地　　　□被相続人の最後の住所地 □申出人の住所地　　　　□被相続人名義の不動産の所在地

　上記被相続人の法定相続情報一覧図を別添のとおり提出し，上記通数の一覧図の写しの交付を申出します。交付を受けた一覧図の写しについては，相続手続においてのみ使用し，その他の用途には使用しません。
　申出の日から3か月以内に一覧図の写し及び返却書類を受け取らない場合は，廃棄して差し支えありません。

東京 （地方）法務局　　墨田区 支局・出張所　　　　　　　宛

※受領確認書類（不動産登記規則第247条第6項の規定により返却する書類に限る。）
戸籍（個人）全部事項証明書（　　通），除籍事項証明書（　　通）戸籍謄本（　　通）
除籍謄本（　　通），改製原戸籍謄本（　　通）戸籍の附票の写し（　　通）
戸籍の附票の除票の写し（　　通）住民票の写し（　　通），住民票の除票の写し（　　通）

受領	確認1	確認2	スキャナ・入力	交付		受取

相続人の代表1人が申出人となります。

税理士や弁護士、そのほかの代理人に手続きを任せる場合は、その情報を記入します。

手続きに必要な部数と、受け取り方法を記入します。

提出する登記所（法務局）をチェックします。

登記所名を具体的に記入。法務局ホームページに一覧があるので確認しましょう。

142

法定相続情報一覧図
(代襲相続が生じている場合の記入例)

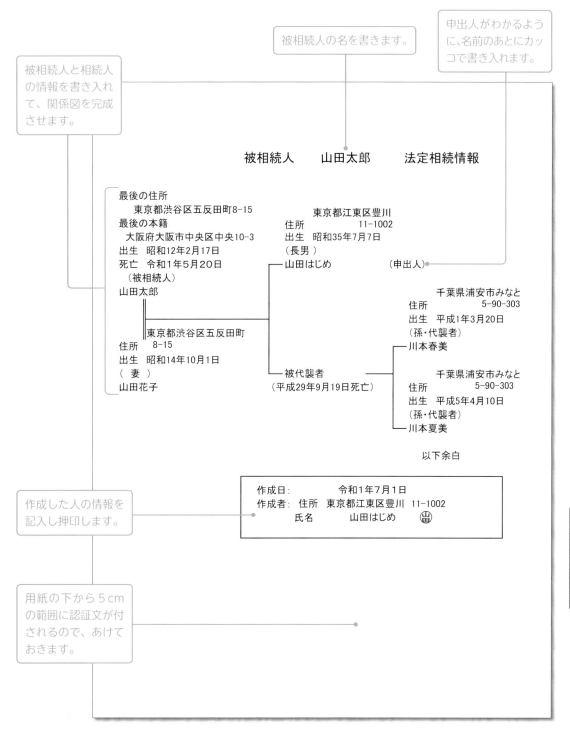

被相続人と相続人の情報を書き入れて、関係図を完成させます。

被相続人の名を書きます。

申出人がわかるように、名前のあとにカッコで書き入れます。

被相続人　山田太郎　法定相続情報

最後の住所
　　東京都渋谷区五反田町8-15
最後の本籍
　　大阪府大阪市中央区中央10-3
出生　昭和12年2月17日
死亡　令和1年5月20日
　（被相続人）
山田太郎

住所　東京都渋谷区五反田町
　　　8-15
出生　昭和14年10月1日
（　妻　）
山田花子

　　　　　　　　　　　東京都江東区豊川
住所　　　　　　　　　　11-1002
出生　昭和35年7月7日
（長男）
├─山田はじめ　　　　　　　（申出人）

　　　　　　　　　　　千葉県浦安市みなと
住所　　　　　　　　　　5-90-303
出生　平成1年3月20日
（孫・代襲者）
├─川本春美

─被代襲者
（平成29年9月19日死亡）
　　　　　　　　　　　千葉県浦安市みなと
住所　　　　　　　　　　5-90-303
出生　平成5年4月10日
（孫・代襲者）
├─川本夏美

以下余白

作成日：　　　　　令和1年7月1日
作成者：　住所　東京都江東区豊川　11-1002
　　　　　氏名　　　山田はじめ　㊞

作成した人の情報を記入し押印します。

用紙の下から5cmの範囲に認証文が付されるので、あけておきます。

死亡手続き 直後

死亡手続き 年金・健康保険

死亡手続き 必要に応じた手続き

遺産・相続 基礎

遺産・相続 遺言・分割

遺産・相続 名義変更

遺産・相続 申告・納付

143

銀行預貯金の名義変更手続き

これが重要！

▶ 口座の名義人の死亡を確認すると、**口座は凍結**されます。
▶ 取引**銀行に問い合わせて**、必要書類を提出します。

■ 事前に公共料金などの引き落としを考慮する

銀行は口座をもつ契約者の死亡を確認すると、独自の判断で口座を凍結します。また、相続人から被相続人の死亡の届け出があった場合にも口座を凍結します。これは、相続でもめたときに、そのトラブルに巻き込まれたくない銀行の意向によるものです。

故人名義の銀行口座は、**解約して払い戻し**をするか、**名義の書き換え**を行います。手続きが完了するまで口座は凍結されるため、公共料金等の引き落としや家賃等の振り込みが予定されていると、滞ってしまいます。早めに口座の変更を行っておきましょう。

こんなときは

相続人が複数いるときは？

代表相続人を決めて、代表相続人がまとめて相続の手続きをします。手続きが終わってから、相続人同士で分配するのがスムーズです。

■ 手続き方法は取引銀行で確認する

銀行口座の名義変更手続きは、銀行によって書類の名称や必要書類が異なります。また、遺言書や遺産相続協議書の有無などによっても手続き方法や必要書類は異なります。まずは、取引銀行に問い合わせたり、取引銀行のホームページを見たりして確認しましょう。

銀行預貯金相続の手続き（例）	
届け出人	相続人
届け出先	各取引銀行
期限	なし
必要書類	□相続届（取引銀行所定の書類） □相続人全員の戸籍謄本 　または法定相続情報一覧図の写し □相続人全員の印鑑証明書 □遺言書、または遺産分割協議書、家庭裁判所の審判がある場合はその原本 □預貯金等の払い戻しを受ける人の実印、取引印 □故人の通帳や証書、キャッシュカード

銀行預貯金の
相続手続きの流れ

 取引銀行に連絡をする

　故人名義の口座がある銀行に電話（または出向く）し、相続の手続きを申し出ると、その方法や用意する書類について案内があります。故人の通帳・キャッシュカードなど（取引内容がわかるもの）を用意してから連絡するとスムーズです。

 必要書類を用意する

　取引銀行の案内に従って、必要書類を用意します。遺言書、遺産分割協議書、遺言執行者の有無によって必要書類は異なります。

 書類を提出する

　準備した書類を最寄りの支店に提出します。返却してほしい書類がある場合は、申し出ましょう。

④ **払戻金を受け取る**

　約2週間程度で、指定した口座に払戻金が振り込まれます。

ミニ情報 **NEWS!**

民法改正で、相続人全員の合意がなくても払い戻せるようになった

　これまでは、被相続人の死亡後、預貯金口座が凍結されると、遺産分割が終わるまで払い戻しができませんでした。そのため葬儀費用や、ローンなどの返済、残された家族の生活費などが払えないという問題が起きていました。

　そこで民法が改正され、相続人全員の合意がなくても、金融機関の窓口で、一部の預貯金が払い戻しできるようになります。

払い戻せる額は

　下の計算式で求められる額（金融機関ごとに法務省令で定める額が上限）を、相続人が金融機関の窓口で払い戻すことができます。ただし、各金融機関により異なる場合があるので、事前に問い合わせを。また、家庭裁判所に「保金処分」を求める方法もあります。

> **相続開始の
> 預貯金額の3分の1**

×

> **仮払いを求める
> 相続人の法定相続分**

 法定相続分については▶ p.102

死亡手続き 直後

死亡手続き 年金・健康保険

死亡手続き 必要に応じた手続き

遺産・相続 基礎

遺産・相続 遺言・分割

遺産・相続 名義変更

遺産・相続 申告・納付

ゆうちょ銀行の名義変更・解約手続き

▶ 口座がある場合は、最初に「相続確認表」を提出します。

▶ 届いた「必要書類のご案内」にそって書類を用意して提出します。

■「相続確認表」を提出すると必要書類が案内される

　故人名義のゆうちょ銀行の口座があったら、相続の手続きが必要です。まずは、用意されている「相続確認表」に書きこんで提出。

　その後は、案内通りに申請します。提出から払い戻しまで、1カ月ほどかかります。

　定期預金などの有無がわからないときは、調べてもらうこともできます。

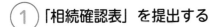
貯金等照会書▶ p.151

ゆうちょ銀行の相続手続きの流れ

① 「相続確認表」を提出する

　「相続確認表」を、ゆうちょ銀行または郵便局の貯金窓口でもらうか、日本郵便のホームページでダウンロードし、相続人の相関図や遺言書の有無など必要事項を記入。ゆうちょ銀行か郵便局の貯金窓口に提出します。

相続確認表の書き方▶ p.148

② 「必要書類のご案内」を受け取る

　「相続確認表」提出後、1〜2週間後に「必要書類のご案内」が届くので、その案内に従って相続手続きに必要な書類を用意。ケースにより変わりますが、相続人全員の「戸籍謄本」あるいは「法定相続情報一覧図の写し」「印鑑証明書」などです。

③ 必要書類を提出する

　必要な書類がそろったら、ゆうちょ銀行か郵便局の貯金窓口に提出（原則は「相続確認表」を提出したときと同じ窓口に提出）。

④ 相続払戻金を受け取る

　1〜2週間後、代表相続人の通常貯金口座へ相続払戻金が入金されます。

※代表相続人が通常貯金口座を持っていない場合は、ゆうちょ銀行か郵便局の貯金窓口で口座を開設します。

※払戻証書などを郵送してもらうことも可能。

※通常貯金通帳の名義書換はできません。

こんなときは

ほかにも故人名義の貯金などが あるかもしれないときは？

故人名義の定期・定額貯金、投資信託などの有無がわからない場合は、「貯金等照会書」を提出すれば、調べてもらうことができます。ゆうちょ銀行か郵便局の貯金窓口で書類をもらい、必要事項を記入して提出しましょう。

貯金等照会書（ちょきんとうしょうかいしょ）

届け出人	相続人
届け出先	ゆうちょ銀行、郵便局の貯金窓口
期限	なし
必要書類	□ 被相続人と相続人の戸籍謄本、または法定相続情報一覧図 □ 被相続人名義の貯金口座の届け印

貯金等照会書（記入例）（ちょきんとうしょうかいしょ）

A　貯金等照会書

調査対象者欄の「おなまえ」、「お届けのおところ」および「生年月日」に基づき、調査対象者名義の貯金等の預け入れの有無、番号を調査してください。（独立行政法人郵便貯金・簡易生命保険管理機構が管理している郵便貯金については、同機構に調査を

ご請求者

おところ	郵便番号（ 100 － 1111 ） 東京都渋谷区五反田町 8-15
おなまえ	フリガナ ヤマダタロウ　ソウゾクニン　ヤマダハナコ 山田太郎　相続人　山田花子　様
日中ご連絡先電話番号	携帯　会社　⊘自宅　03 － 1234 － 5678
調査対象者とのご関係	□本人 □代理人 ☑相続人 □親権者 □その他（　）　／　請求理由　□紛失 ☑相続 □その他（　）

ご請求印　⊘山

※残高証明が必要な場合は料金引落口座（通常貯金または通常貯蓄貯金に限る）のお届け印を押してください。

調査対象者

おなまえ	フリガナ ヤマダタロウ 山田太郎　様
	旧姓を使用されていた可能性がある場合にご記入ください。　旧氏名（旧社名・商号）フリガナ　様

お届けのおところ ※転居前、住居表示変更または通称のご住所でお届けされている可能性がある場合は、その内容もご記入ください。 ※ご請求者の住所と同じ場合は、「同上」とご記入ください。	郵便番号	住所（旧住所含む）	電話番号
	100-1111	東京都渋谷区五反田町 8-15	03-1234-5678
	200-2222	大阪府大阪市中央区中央 10-3	06-1234-5678

生年月日 (法人等の場合は設立年月日)	□明治 □大正 ☑昭和 □平成　12 年 2 月 17 日
おなまえの調査パターン	※「おなまえ」欄に記入した名義とは異なる名義で口座開設されている可能性がある場合に、そのおなまえをご記入ください。（雅号やペンネーム、法人名の一部を略して使用している場合など）
死亡年月日	1 年 5 月 20 日　※名義人がお亡くなりになられている場合のみご記入ください。

調査内容	※調査は、当行における調査実施日時点（原則受付の2～3日後）で未解約のものを調査します。
調査対象とする貯金等の種類	☑通常貯金　☑定額・定期貯金（担保定額・定期貯金を含む。）　□国債 □投資信託　□振替　□その他（　）
(分かる範囲でご記入ください→)	［預入年月］ 年 月頃 ［預入取扱局］ 局（店）［預入金額］ 円
お手持ちの貯金等の記号番号	98765-11223344 ※調査対象とした貯金の種類で、現在お手持ちの通帳又は証書の記号番号をご記入ください。

【以下の欄は、必要な場合のみご記入ください】

調査日の指定 □要	過去時点での調査が必要な場合、調査日と理由をご記入ください。 ※調査は最長で過去10年以内です。	（日付指定理由）	年 月 日時点
残高証明書の発行	発行通数 通	証明日	年 月 日

口座開設時に届け出た住所を記入しましょう。転居している場合は、この下に明記します。

貯金等の種類が特定できなければ、すべてにチェックを入れます。

口座を開設した人（故人）の名前を書きます。

相続人の間での紛議の有無、遺産分割協議書の有無、遺言の有無をレ印で記入します。

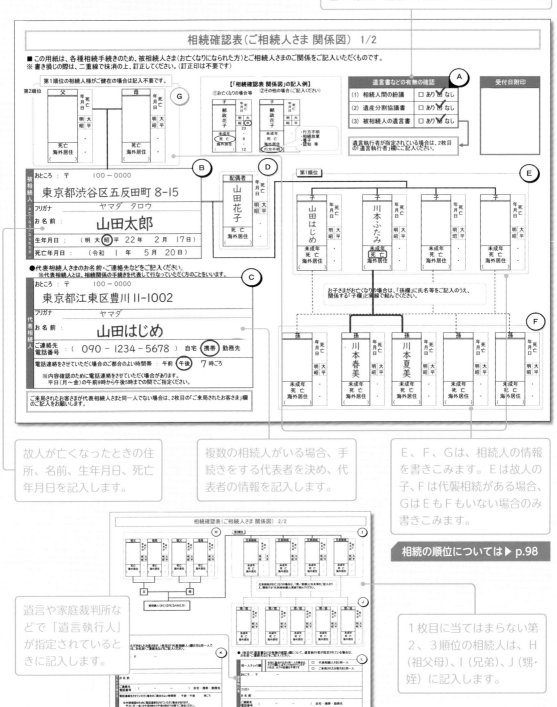

相続確認表 (ご相続人さま 関係図) 1/2

■ この用紙は、各種相続手続きのため、被相続人さま (お亡くなりになられた方) とご相続人さまのご関係をご記入いただくものです。
※ 書き損じの際は、二重線で抹消の上、訂正してください。(訂正印不要です)

遺言書などの有無の確認

(1)	相続人間の紛議	□ あり	☑ なし
(2)	遺産分割協議書	□ あり	☑ なし
(3)	被相続人の遺言書	□ あり	☑ なし

遺言執行者が指定されている場合は、2枚目の「遺言執行者」欄にご記入ください。

被相続人

おところ：〒 100－0000
東京都渋谷区五反田町 8-15
フリガナ　ヤマダ　タロウ
お名前　山田太郎
生年月日：(明 大 昭 平 22 年 2 月 17日)
死亡年月日：(令和 1 年 5 月 20日)

配偶者　山田花子

● 代表相続人さまのお名前・ご連絡先などをご記入ください。
※ 代表相続人さまは、相続関係の手続きを代表して行なっていただく方のことをいいます。

代表相続人

おところ：〒 100－0000
東京都江東区豊川 11-1002
フリガナ　ヤマダ
お名前　山田はじめ
ご連絡先 電話番号：(090 － 1234 － 5678) 自宅 携帯 勤務先
電話連絡をさせていただく場合のご都合のよい時間帯：午前 午後 7時ごろ
※ 内容確認のために電話連絡をさせていただく場合があります。平日 (月～金) の午前9時から午後5時までの間でご指定ください。

ご来局されたお客さまが代表相続人さまと同一人でない場合は、2枚目の「ご来局されたお客さま」欄のご記入をお願いします。

第1順位

子　山田はじめ
子　川本ふたみ
子
子

お子さまがお亡くなりの場合は、「孫欄」に氏名等をご記入のうえ、関係する「子欄」と実線で結んでください。

孫
孫　川本春美
孫　川本夏美
孫
孫

故人が亡くなったときの住所、名前、生年月日、死亡年月日を記入します。

複数の相続人がいる場合、手続きをする代表者を決め、代表者の情報を記入します。

E、F、Gは、相続人の情報を書きこみます。Eは故人の子、Fは代襲相続がある場合、GはEもFもいない場合のみ書きこみます。

相続確認表 (ご相続人さま 関係図) 2/2

相続の順位については ▶ p.98

遺言や家庭裁判所などで「遺言執行人」が指定されているときに記入します。

1枚目に当てはまらない第2、3順位の相続人は、H (祖父母)、I (兄弟)、J (甥・姪) に記入します。

相続貯金等記入票（記入例）

（そうぞくちょきんとう き にゅうひょう）

「通常貯金」「定額・定期貯金」「積立貯金」「国債」など、貯金等の種類を記入します。

通帳等の記号番号を記入します。「担保定額・定期貯金」「定額・定期貯金」は証書番号を記入します。

記入不要です。

相続貯金等記入票
※ 3枚目の記入は、貯金・国債・投資信託・振替口座等の場合に限ります

◎ この用紙には、相続の対象となる貯金等（被相続人名義の貯金等）の通帳等の記号番号をもれなくご記入ください。
※ 太枠内についてご記入ください。
※ 振替口座には、通帳又は証書はございません。
※ 払戻証書の発行又は名義書換を希望される場合は、備考欄に「払戻証書」又は「名義書換」とご記入ください。（通常貯金は、原則、名義書換できません。）
　（国債・投資信託は名義書換（投資信託は移管）のみのお取り扱い）となります。）

注 Ⓜ欄が「通帳式の定額・定期貯金」「担保定額・定期貯金」の場合にご記入ください。（記入例①：01～05、記入例②：01）

貯金等の種類 Ⓜ	通帳等の記号番号 Ⓝ	証書番号（注）	通帳又は証書等の有無 Ⓞ	備考 Ⓟ	※ お客さまのご記入は不要です 取扱店使用欄 支払停止の済否	貯金事務センター使用欄 税区分	その他
通常貯金	10000 - 11223344		☑あり □なし（紛失）		済・否（　　）	非課税・過去非課税	
定額貯金	20000 - 55667788	01	☑あり □なし（紛失）		済・否（　　）	非課税・過去非課税	
	－		□あり □なし（紛失）		済・否（　　）	非課税・過去非課税	
	－		□あり □なし（紛失）		済・否（　　）	非課税・過去非課税	
	－		□あり □なし（紛失）		済・否（　　）	非課税・過去非課税	
	－		□あり □なし（紛失）		済・否（　　）	非課税・過去非課税	
	－		□あり □なし（紛失）		済・否（　　）	非課税・過去非課税	

投資信託の有無 Ⓞ	□ あり（※）　　□ なし　　□ 不明（※） ※次の場合は「貯金等照会書」の提出が必要です。詳しくは窓口にお尋ねください。 ①投資信託の有無が「不明」の場合 ②投資信託が「あり」だが、ファンド名が不明の場合	取扱店使用欄 特記事項　□ 葬儀

（取扱店→受持貯金事務センター）　　　　　　　　　　　　　【2016.5】

投資信託の有無を記入。有無がわからない場合は、「貯金等照会書」（▶ p.147）の提出が必要になります。

通帳や貯金証書等が手元にあるかどうか（紛失していないかどうか）を、レ印で記入します。

「払戻証書」の発行または「名義書換」を希望する場合は、備考欄に「払戻証書」または「名義書換」と記入します。ただし、貯金通帳は払い戻しか相続人の口座への入金となり、名義書き換えはできません。国債は名義書換しかできません。

死亡手続き　直後

死亡手続き　年金・健康保険

死亡手続き　必要に応じた手続き

遺産・相続　基礎

遺産・相続　遺言・分割

遺産・相続　名義変更

遺産・相続　申告・納付

149

株式・投資信託・国債の 名義変更手続き

▶ 金融商品は、相続人の証券口座に移動させないと売却できません。
▶ 相続には、**相続人が証券口座を保有している必要があります。**

■ 証券会社や信託銀行が 手続きの窓口

　株式・投資信託・国債などの有価証券および金融商品は、**名義変更（移管※）をしないと、解約して売却したり、配当を受けたりすることはできません。**まずは故人の口座のある証券会社に連絡をして、手続きの方法をたずねましょう。ほとんどの場合、案内書などが用意されていて、すぐに手続きが始められます。

　基本的な手続きの流れは右ページのとおりで、預貯金の場合とほぼ同じですが、有価証券の相続の場合は、**相続人が被相続人と同じ金融機関に証券口座を持っていることが必要**です。そのため、口座がない場合は、まず相続人が口座を開きます。

■ 非上場株は、直接 その会社に連絡をする

　上場株式や投資信託、国債など、証券会社が窓口の金融商品は、証券会社の手続きでそれぞれの名義変更を行ってくれます。一方、非上場株（未公開株）は、直接、その会社に連絡して、名義を書き換える必要があります。会社により書類は変わりますが、「**株式名義書換請求書**」などを提出します。

証券口座相続の手続き（例）

届け出人	相続人
届け出先	各金融機関
期限	なし
必要書類	□金融機関所定の手続き書ほか、右であてはまるもの

遺言書がある場合

- □遺言書の写し
- □検認調書の写し（公正証書遺言以外の場合）
- □被相続人の出生から死亡までのすべての戸籍（除籍）謄本と相続人全員の戸籍謄本、または法定相続情報一覧図の写し
- □相続人と遺言執行者の印鑑証明

遺産分割協議書がある場合

- □遺産分割協議書
- □被相続人の出生から死亡までのすべての戸籍（除籍）謄本と相続人全員の戸籍謄本、または法定相続情報一覧図の写し
- □相続人全員の印鑑証明

上記2つはないが 協議が整っている場合

- □被相続人の出生から死亡までのすべての戸籍（除籍）謄本と相続人全員の戸籍謄本、または法定相続情報一覧図の写し
- □相続人全員の印鑑証明

※移管とは、管理をほかへ移すこと。株式の用語では一般的に、株を移動させることを指します。

証券口座の相続手続きの流れ（例）

 金融機関に連絡をする

　故人の口座がある金融機関に電話をし、相続の手続きを申し出ると、その方法や用意する書類について案内があります。取引店や口座番号などがわからないときも、まずは金融機関へ連絡をし、「口座照会」などを頼みます。

 必要書類を用意する

　金融機関の案内に従って、戸籍謄本や印鑑証明などの書類を準備します。代表相続人を立てる必要があることが多く、その際、相続人全員の署名と実印の捺印をした「委任状」の提出が求められます。相続人が口座を開く必要がある場合は、案内に従ってその準備も行います。

 書類を提出する

　準備した書類を、指定の宛先へ郵送するか、直接、窓口に提出します。

④ **相続人の口座に移管される**

　手続きに問題がなければ、受取人となった相続人の証券口座に移管されます。

 こんなときは

故人名義の株券があったら

　2009年に株券は電子化されています。もしも、故人名義の電子化されていない株券が出てきたときには、失念救済手続きを行う必要があります。信託銀行や証券会社に「失念救済請求書」を提出し、株券を電子化してから相続の手続きを行います。

死亡手続き 直後

死亡手続き 年金・健康保険

死亡手続き 必要に応じた手続き

遺産・相続 基礎

遺産・相続 遺言・分割

遺産・相続 名義変更

遺産・相続 申告・納付

株式名義書換請求書（記入例）

被相続人の名前を書きます。

相続した株式数を記入します。

株式名義書換請求書　　令和1年 7月 5日

会社名	ファースト株式会社

請求総株式数				6	3	0	0	株
株数内訳	株券株数				6	0	0	0	株
	登録株					3	0	0	株
	不所持								株

上記の貴社株式につき被相続人　山田太郎　からの
相続により株券を添えて名義書換を請求します。

相続人　郵便番号 1 0 1 - 0 0 0 0　電話（ 03 -1000 -2000 ）

住所　東京都渋谷区五反田町8-15

社用欄	株数確認	氏名	山田 花子	印 お届出印

現在株主	新規株主

株主票	会社名 ファースト株式会社		
	印　　鑑	住所	郵便番号　101 - 0000　電話番号 03 -1000 -2000 東京都渋谷区五反田町8-15
		氏名	（フリガナ）　ヤマダハナコ 山田花子

1．文字は楷書で明瞭にお書きください。
2．印鑑は鮮明にご押印ください。
3．郵便番号もお忘れなくご記入ください。

相続人の情報を書きこみます。

152

不動産の名義変更手続き

死亡手続き 直後

死亡手続き 年金・健康保険

死亡手続き 必要に応じた手続き

遺産・相続 基礎

遺産・相続 遺言・分割

遺産・相続 名義変更

遺産・相続 申告・納付

 これが重要！

▶ **「登記申請書」**を作成して**法務局へ提出**します。

▶ **「固定資産評価証明書」**を交付してもらって**添付**します。

■ 不動産所在地を管轄している法務局に書類を提出する

土地や建物などの不動産の名義変更は、「**登記申請書**」や「**固定資産評価証明書**」（市区町村役所で申請）などを法務局に提出して申請します。「**登記申請書**」に決まった書式はなく、手書きやパソコンで作成するか、法務省のホームページでひな形をダウンロードして作成します。不動産の相続手続きは煩雑なので、司法書士に依頼してもよいでしょう。

 こんなときは

相続人が複数いるときは？

相続人の中から不動産の取得者を選び、代表して登記します。遺産分割協議がスムーズにいかないことが予想されたら、とりあえず相続人全員の共同名義で登記しておきましょう。

登記申請書

届け出人	相続人
届け出先	法務局
期限	なし
必要書類	□固定資産評価証明書 □登記簿謄本 □被相続人の出生から死亡までのすべての戸籍（除籍）謄本と相続人全員の戸籍謄本と住民票と印鑑証明書、または法定相続情報一覧図の写し □遺産分割協議書、または遺言書 □相続人の本人確認書類（運転免許証など）

書き方▶ p.154

固定資産評価証明書 交付申請書

届け出人	相続人
届け出先	市区町村の役所（東京都は都税事務所）
期限	なし
必要書類	□被相続人の戸籍（除籍）謄本、または法定相続情報一覧図の写し □申請者の本人確認書類（運転免許証など） □印鑑

書き方▶ p.155

※固定資産評価証明書は、固定資産評価証明書交付申請書を提出して申請します。ただし、その年度は4月1日以後でなければ発行されません。登記完了後、登記識別情報（旧・権利書）の受け取りでは、本人確認書類が必要です。

153

登 記 申 請 書

登記の目的　　所有権移転

原　　　因　　令和 1 年 5 月 20 日相続

相 続 人　　（被相続人　**山田太郎**　　）

（申請人）

東京都渋谷区五反田町 8 丁目 15 番

(住民票コード 12345678901)

持ち分 2 分の 1　山田花子　　㊞

持ち分 2 分の 1　山田はじめ　㊞

連絡先の電話番号 03 − 1111 − 2222

添付情報

登記原因証明情報　住所証明情報

☐登記識別情報の通知を希望しません。

令和 1 年 7 月 1 日申請　東京 法 務 局

課税価格　金 2000万 円

登録免許税　金8万円

不動産の表示
不動産番号　1122334455

所　　　在　渋谷区五反田町 8 丁目

地　　　番　15 番

地　　　目　宅地

地　　　積　100平方メートル

不動産番号　66778899

所　　　在　渋谷区五反田町 8 丁目

家屋番号　15 番

種　　　類　居宅

構　　　造　木造

床 面 積　68平方メートル

相続人全員の住所と氏名を明記。住民票コードを記載すると、住民票の写しの提出を省略できます。

「登記識別情報」の通知が必要ない場合は、チェックを入れます。

「登記原因証明情報」とは、被相続人の戸籍または除籍謄本と、相続人の戸籍謄本（相続人のものと重複するものは免除）。「住所証明情報」とは、相続人全員の住民票の写しです。

課税価格、登録免許税の計算法は、法務省のホームページにあります。

この場合は、土地と家屋を一緒に申請しています。どちらかだけの場合もあります。

固定資産評価証明書交付申請書（記入例）

死亡手続き 直後
死亡手続き 年金・健康保険
死亡手続き 必要に応じた手続き
遺産・相続 基礎
遺産・相続 遺言・分割
遺産・相続 名義変更
遺産・相続 申告・納付

固定資産（土地・家屋・償却資産）評価証明書交付申請書

※太枠の中に必要事項を記入し、該当する□に〈✓〉してください。

申請日	令和　年 7 月 1 日

窓口へ来られた方（申請者）

（住所）東京都渋谷区五反田町8-15
（フリガナ）ヤマダ　ハナコ
（氏名）山田花子　　　自署または記名押印 ㊞山
（生年月日）明・大・㊐昭・平・令　24 年 10 月 1 日　（電話番号）03 - 1111 - 2222
（証明が必要な方との関係）本人・同一世帯の親族・相続人・代理人・その他（　　）

> 申請者の情報を記入しましょう。

代理の方（同一世帯の親族を除く）が申請するときは、委任状または代理権限授与通知書が必要です。
（※同一世帯でない方、別住まいの方は、同一世帯の親族であっても、世帯構成を確認できる資料がない場合は、委任状が必要です。）
※　来られた方は、運転免許証、健康保険証、マイナンバーカード、パスポート、在留カードなどの本人であることを確認できるものをお持ちください。

> 故人（不動産の現所有者）の情報を記入します。

どなたの証明書が必要ですか（現在の所有者）

（住所または所在地）✓同上
（フリガナ）ヤマダ　タロウ　法人の場合は代表者印を押印してください。
（氏名または法人名および代表者氏名）□同上　山田太郎　㊞山
（生年月日）明・大・㊐昭・平・令　22 年 2 月 17 日

1月1日現在の所有者（年内に所有者の変更があった等の場合）

（住所または所在地）□同上
（フリガナ）
（氏名または法人名および代表者氏名）

※職員記入欄（記入しないでください。）

発行	確認	交付
住所	住所	住所
氏名	氏名	氏名
住所	住所	住所
氏名	氏名	氏名

（注意事項）
1　当該年の1月1日現在の状況を証明しますので、所有権移転等により、当該年の1月1日現在の状況と異なる場合は、その旨が確認できる書類をご提示ください。
2　証明書を速やかに発行できるよう、物件の所在地は登記簿上の所在地番を記載し、家屋の場合は家屋番号も併せて記載してください。
3　家屋の棟明細が必要な場合は、必要な付記事項等欄の棟明細にチェックのうえ、ご入用の証明内容を〇で囲ってください。なお、明細の一棟ごとに1件分の手数料になります。
※　申請物件を特定できない場合、発行できないこともありますので、あらかじめご了承ください。

どの証明書が必要ですか　□評価証明（価格のみ記載）　□公課証明（価格・課税標準額・税額が記載）

必要な資産	物件の所在地（登記簿上の所在地番） 償却資産の場合は区名のみ記載してください		家屋番号または資産の種類	必要年度	通数
1	✓土地 □家屋 □償却資産	（区名）渋谷 区　（町名）五反田町8 丁目　15 番地		30 年度	1 通
2	□土地 ✓家屋 □償却資産	（区名）渋谷 区　（町名）五反田町8 丁目　15 番地		30 年度	1 通
3	□土地 □家屋 □償却資産	（区名）　区　（町名）　丁目　番地		年度	通
4	□土地 □家屋 □償却資産	（区名）　区　（町名）　丁目　番地		年度	通

> 土地と家屋がある場合、別々の証明が必要です。

必要な付記事項等	□共有者氏名　□建築年　□滅失している旨（滅失年　年）　□棟明細（ 棟明細のみ・合計と棟明細 ） □その他（　　　）

発行	確認	交付
付記	付記	付記
資産所在書	資産所在書	資産所在書

棟明細　要　不要

何にお使いになりますか

✓登記申請　□相続・贈与　□訴訟　□官公庁提出　□売買　□融資　□資産管理　□その他（　　　）

> 「登記申請」にチェックを入れます。

ーーー 以下は記入しないでください ーーー

	通数	件数（無料／有料）		手数料	税証番号
土 地					第　4-
家 屋					第　5-
					第　6-

発行
確認
交付

本人確認書類	免許証・健康保険証・マイナンバーカード ・住基カード・在留カード （　）証・土地家屋調査士（補助者）証・司法書士（補助者）証・行政書士（補助者）証	決　裁	公印審査
		取扱責任者	文書主任
その他確認書類	□委任状　□媒介契約書　□売買契約書 □戸籍謄本　□登記謄本　□従業員証 □借地非訟事件・強制競売申立書　□賃貸借契約書 □その他（　　　）		

155

自動車の名義変更手続き

▶ 引き継ぐ場合も廃車にする場合も、**まずは名義変更**をします。
▶ **共同名義**の場合は、車の使用者を1人決めます。

譲渡や廃車する場合も いったん名義変更をする

故人名義の車は、**名義変更をして引きつぐ**か、**譲渡または廃車**にする方法が考えられます。いずれの場合でも、車の名義を変更したうえで、それぞれの手続きを行います。

名義変更をする場合は、相続人の住所を管轄する陸運局（運輸支局か自動車検査登録事務所）に「**移転登録申請書**」を提出します。自動車保管場所証明書（いわゆる車庫証明書）は、故人が使用していた保管場所を引き続き使うのであれば、必要ありません。

移転登録申請書	
届け出人	相続人
届け出先	運輸支局、自動車検査登録事務所
期限	なし
必要書類	□ 遺産分割協議書 □ 被相続人の出生から死亡までのすべての戸籍(除籍)謄本(相続人全員が記載されているもの)、または法定相続情報一覧図の写し □ 相続人の実印と印鑑登録証明書 □ 自動車車検証 □ 自動車保管場所証明書 □ 自動車税申告書 など

こんなときは

複数の相続人で 共同名義にしたいときは？

共同相続人全員の署名※・実印が押印された委任状、それに全員の印鑑証明書が必要です。また、共同名義では、使用者を1人設定しなければいけません。車庫証明書はその使用者のものとなります。

※査定協会で、査定証明を発行してもらい、自動車の価格が100万円以下であれば相続人1人でも手続きできます。

ミニ情報

オートバイは 大きさによって手続きが異なる

オートバイや原動機付自転車（いわゆる原付）は、ともに一度廃車の手続きをとったあとに名義変更をします。オートバイは、自動車と同じく運輸局で、原付の場合は市区町村役所で手続きを行います。

移転登録申請書（記入例）

名義変更の手続きの場合は「移転登録」にチェックします。

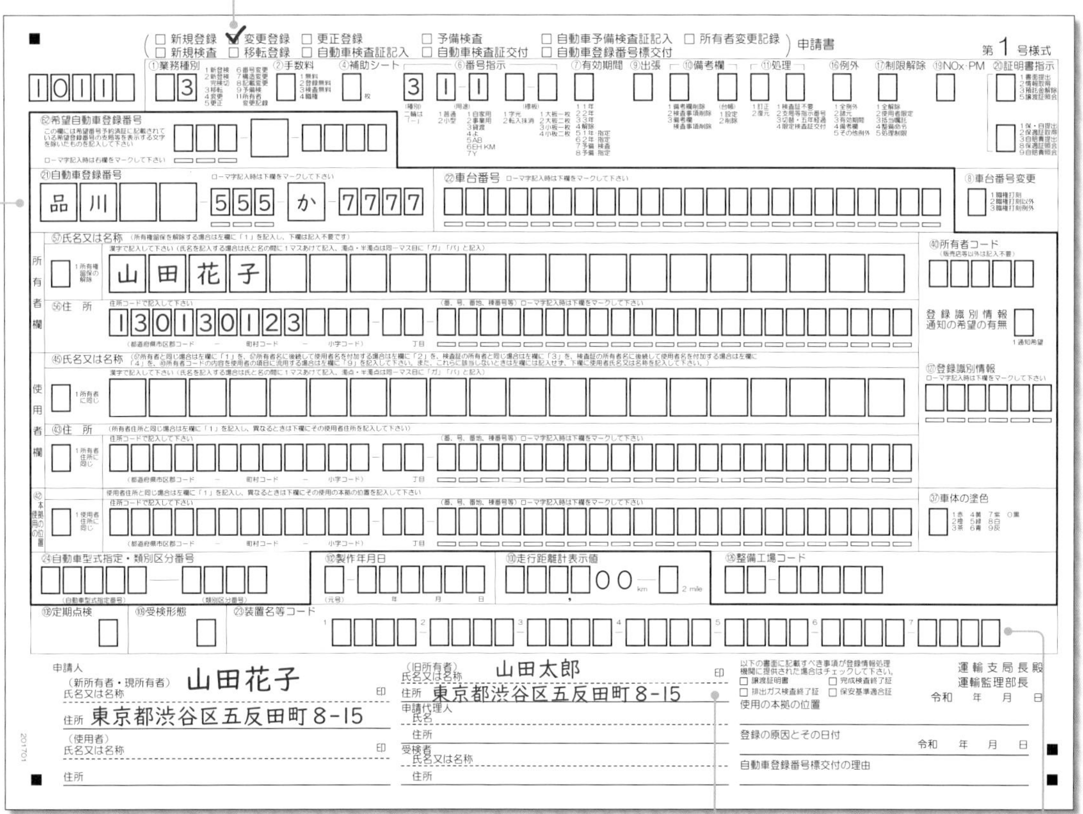

◯◯◯ 申請書　第 1 号様式

□ 新規登録　☑ 変更登録　□ 更正登録　□ 予備検査　□ 自動車予備検査証記入　□ 所有者変更記録
□ 新規検査　□ 移転登録　□ 自動車検査証記入　□ 自動車検査証交付　□ 自動車登録番号標交付

①自動車登録番号
品 川　　555　か　7777

㉒車台番号

㉕氏名又は名称
山 田 花 子

所有者欄

㉖住所
1 3 0 1 3 0 1 2 3

㉔氏名又は名称

使用者欄

㉔住所

㊹自動車型式指定・類別区分番号

㊿製作年月日

㊿走行距離計表示値　　0 0　km

整備工場コード

定期点検　　**受検形態**　　**装置番号等コード**

申請人
（新所有者・現所有者）
氏名又は名称　**山田花子**　　印
住所　**東京都渋谷区五反田町8-15**

（使用者）
氏名又は名称　　　　　印
住所

（旧所有者）
氏名又は名称　**山田太郎**　　印
住所　**東京都渋谷区五反田町8-15**
申請代理人
氏名又は名称
住所
受検者
氏名又は名称
住所

運輸支局長殿
運輸監理部長
令和　年　月　日

登録の原因とその日付　令和　年　月　日
自動車登録番号標交付の理由

ナンバープレートの情報を明記しましょう。

故人（旧所有者）の情報を記入します。

この行には何も記入しないでください。

こんなときは

ローンが残っていたら

　ローンの支払い中は所有者が故人でなく、販売店やローン会社になっていることがあります。まずは車検証で「所有者」の欄を確認します。所有者が故人でなかったら、所有者に連絡をして、ローン契約者が亡くなったため使用者を変更したいと伝え、手続きの方法をたずねましょう。

　ローンの残りの支払いは、マイナスの財産として相続人が引きつぎます。基本的に一括で精算する必要がありますが、自動車を使わないのであれば相続を放棄でき、返済義務はなくなって、車はローン会社が引き取ります。引き続きの使用を希望する場合は、ローン会社によっては審査のうえ、分割払いを認めてもらえることもあります。

個人事業の
継承の手続き

▶ 事業を引きつぐ場合は**新たに開業届**を出します。

▶ 資格が必要な場合、相続人も資格をもっていなくては引きつげません。

故人の事業を引きついでも
新規開業の扱いとなる

故人が個人事業主だった場合、相続人は事業を引きつぐか、廃業するかを選択し、引きつぐときは新規開業と同じ手続きをします。どちらにしても、1ヵ月以内に「個人事業の開業・廃業等届出書」を所轄の税務署に提出しなければなりません。

事業の継続を選択し、青色申告の申請をするなら「青色申告承認申請書」を税務署に提出します。

農業を継承するには ▶ p.161

法人事業を継承するには ▶ p.159

個人事業の開業・廃業等届出書	
届け出人	個人事業を引きつぐ相続人
届け出先	税務署
期限	1ヵ月以内
必要書類	なし

書き方 ▶ p.159

所得税の青色申告承認申請書	
届け出人	個人事業を引きつぐ相続人
届け出先	税務署
期限	その事業開始等の日から2ヵ月以内
必要書類	なし

書き方 ▶ p.160

こんなときは 国家資格などで営業をしていたら

理容師や美容師、食品衛生管理者、土地建物取引士など、故人の国家資格で営業していたら、相続人も同じ資格をもっていないと、営業は継続できません。

こんなときは 従業員を雇っていたら

生計を一緒にする配偶者、その他の親族を含む、従業員を雇って給与を払っていたら、「青色事業専従者給与に関する届出書」「給与支払事務所等の開設届出書」などの書類の提出が必要なこともあります。まずは税務署に確認するとよいでしょう。

個人事業の開業・廃業等届出書（記入例）

死亡手続き 直後

死亡手続き 年金・健康保険

死亡手続き 必要に応じた手続き

遺産・相続 基礎

遺産・相続 遺言・分割

遺産・相続 名義変更

遺産・相続 申告・納付

税務署受付印

| | | 1 0 4 0 |

個人事業の開業・廃業等届出書

____東京____ 税務署長

_1_ 年 _6_ 月 _1_ 日提出

納 税 地	○住所地・○居所地・○事業所等（該当するものを選択してください。） （〒 100 － 1111 ） **東京都渋谷区五反田町 8-15** （TEL 03 － 1111 － 2222 ）
上記以外の 住 所 地 ・ 事 業 所 等	納税地以外に住所地・事業所等がある場合は記載します。 （〒 － ） （TEL － － ）
フリガナ	ヤマダ
氏 名	**山田はじめ** ㊞ / 生年月日 ○大正 ●昭和 50 年 7 月 7 日生 ○平成
個 人 番 号	9 9 9 9 8 8 8 8 7 7 7 7
職 業	**小売業** / フリガナ ヤマダ ショウテン / 屋 号 **山田商店**

> 個人事業を継承する場合は新規開業扱いになるので、「開業」に○をつけます。

> 事業継承者について明記します。

個人事業の開廃業等について次のとおり届けます。

届 出 の 区 分 該当する文字を○で囲んでください。	○開業（事業の引継ぎを受けた場合は、受けた先の住所・氏名を記載します。） 住所**東京都渋谷区五反田町 8-15** 氏名**山田太郎** 事務所・事業所の（○新設・○増設・○移転・○廃止） 廃業（事由） （事業の引継ぎ（譲渡）による場合は、引き継いだ（譲渡した）先の住所・氏名を記載します。） 住所 氏名
所 得 の 種 類	○不動産所得・○山林所得・●事業（農業）所得〔廃業の場合……○全部・○一部（ ）〕
開業・廃業等日	開業や廃業、事務所・事業所の新増設等のあった日 令和 _1_ 年 _5_ 月 _20_ 日
事業所等を 新増設、移転、 廃止した場合	新増設、移転後の所在地 （電話）
	移転・廃止前の所在地
廃業の事由が法 人の設立に伴う ものである場合	設 立 法 人 名 代表者名
	法 人 納 税 地 設立登記 令和 年 月 日
開業・廃業に伴 う届出書の提出 の 有 無	「青色申告承認申請書」又は「青色申告の取りやめ届出書」 ●有・○無
	消費税に関する「課税事業者選択届出書」又は「事業廃止届出書」 ○有・●無
事 業 の 概 要 できるだけ具体的に記載します。	**生鮮食品の販売**

給与等の支払の状況	区 分	従事員数	給与の定め方	税額の有無	その他参考事項
	専従者	1 人	月給	●有・○無	
	使用人			○有・○無	
				○有・○無	
	計				
	源泉所得税の納期の特例の承認に関する申請書の提出の有無	●有・○無	給与支払を開始する年月日 令和 年 月 日		

> 雇う人が1人でもいれば、「有」欄に○をつけます。

関与税理士

（TEL － － ）

税務署整理欄	整 理 番 号	関係部門連絡	A	B	C	番号確認 身元確認
	0					□ 済 □ 未済
	源泉川紙交付	通信日付印の年月日	確認印	確認書類 個人番号カード／通知カード・運転免許証 その他（ ）		
		年 月 日				

		1	0	9	0

税務署受付印

所得税の青色申告承認申請書

相続した事業の種類によって、所得の種類を選択します。アパート・マンション経営等が不動産所得、山林所得は、山林を所有している場合で伐採・譲渡による所得のこと。それ以外の一般的な商売は事業所得に入ります。

納 税 地	○住所地・○居所地・○事業所等（該当するものを選択してください。） （〒 100 － 1111 ） 東京都渋谷区五反田町 8-15 (TEL 03 － 1111 － 2222)
上記以外の 住 所 地 ・ 事 業 所 等	納税地以外に住所地・事業所等がある場合は記載します。 （〒 － ） (TEL － －)
フリガナ　ヤマダ 氏　名　山田はじめ 〔印〕	生年月日 ○大正 ○昭和50年 7 月 7 日生 ○平成
職　業　小売業	フリガナ　ヤマダ ショウテン 屋 号　山田商店

長

出

令和 1 年分以後の所得税の申告は、青色申告書によりたいので申請します。

1　事業所又は所得の基因となる資産の名称及びその所在地（事業所又は資産の異なるごとに記載します。）

名称 山田商店　　　　　所在地 東京都渋谷区五反田町 8-15

名称　　　　　　　　　　所在地

事業継承者について明記します。

2　所得の種類（該当する事項を選択してください。）

●事業所得　・○不動産所得　・○山林所得

3　いままでに青色申告承認の取消しを受けたこと又は取りやめをしたことの有無

(1)　○有（○取消し・○取りやめ）　　　年　　月　　日　　　(2) ●無

4　本年 1 月 16 日以後新たに業務を開始した場合、その開始した年月日　　　年　　月　　日

5　相続による事業承継の有無

(1)　●有　相続開始年月日　　1 年 5 月 20 日　　被相続人の氏名　山田太郎　　　　(2)　○無

6　その他参考事項

(1)　簿記方式（青色申告のための簿記の方法のうち、該当するものを選択してください。）

○複式簿記・○簡易簿記・○その他（　　　　　　　　　　）

(2)　備付帳簿名（青色申告のため備付ける帳簿名を選択してください。）

●現金出納帳・○売掛帳・○買掛帳・○経費帳・●固定資産台帳・○預金出納帳・○手形記入帳
○債権債務記入帳・○総勘定元帳・○仕訳帳・○入金伝票・○出金伝票・○振替伝票・●現金式簡易帳簿・○その他

(3)　その他

使用している帳簿をすべて○で囲みます。

(TEL 　－　－　)

税務署整理欄	整 理 番 号	関係部門連絡	A	B	C	
	0｜ ｜ ｜ ｜ ｜					
	通 信 日 付 印 の 年 月 日	確認印				
	年 月 日					

column 農業を継承するには

被相続人から家業の農業を引きつぐ場合、農地に対する相続税が気にかかります。しかし、農地を相続した相続人が農業を続ける場合は特例があり、「農地等納税猶予税額」といって、相続税の猶予が認められています。これは相続人が死亡したときや、相続税申告期限から20年間農業をしたときなど、猶予の税金は免除されるという特例です。特例を受けるには、相続税の申告書を期限内に提出することと、農地等納税猶予税額と利子税の額に見合う担保を提供する必要があります。

いずれにしろ相続に当たっては、複数の相続人で農地が分散しないように、家業を継ぐ相続人が一括して相続し、他の相続人に対しては金銭で補償するなどの対策を講じるべきでしょう。余談になりますが、「たわけ者」という言葉の語源は、相続によって「田を分けた」ために、利用価値がなくなったことからきているという説もあります。

column 法人の経営権を継承したときの手続きと届け出

被相続人から、経営する法人の過半数の株式を相続した相続人は、経営権を継承したことになります。経営権を継承したら、「役員変更登記申請書」を法人の所在地を管轄する登記所に申請します。登記が完了したら、税務署、都道府県税事務所、市区町村の役所に、代表者等の変更の「異動届出書」を届け出る必要があります。

中小企業の場合、経営者の財産か法人の財産かわからなかったり、機材などの財産がたくさんあったりといったケースも多いかと思います。個人の財産なら死後、相続財産となります。事業に必要な機材などは、複数の相続人によって分散されないよう、事業を引きつぐ相続人が一括して相続しますが、他の相続人から金銭で代償を求められることもあります。

生命保険の支払い 請求手続き

これが重要！

▶ 保険会社に連絡して、**保険金を請求**します。

▶ **死亡から3年**で請求権がなくなるので早めに手続きを。

保険会社に連絡をして 請求手続きを行う

故人が生命保険に加入していたら、受取人はなるべく早めに保険会社に連絡をして、「**死亡保険金請求書**」（保険会社指定のもの）を送ってもらいましょう。

会社によって、添付書類が異なることもあるので、**どのような書類が必要なのかを確認**し、支払いの請求手続きを行います。

死亡保険金は、請求がなければ支払われることはなく、死後3年を経過すると請求の権利がなくなってしまいます。生前にどの保険に入っているかを確認しておくのが望ましいでしょう。

ミニ情報

受け取った保険金は、税法上は みなし相続・遺贈財産となる

保険金は受取人が相続人であれば、相続財産とはなりませんが、税法上は「みなし相続・遺贈財産」となり、相続税の課税対象です。「みなし相続・遺贈財産」は、形式的には相続ではなくても、相続人・受贈者が受け取れば相続税が課税される財産となります。代表的なものが死亡生命保険金や死亡退職金です。

みなし相続・遺贈財産は、相続人1人につき500万円までは相続税がかかりませんが、被保険者である故人が、保険金の受取人になっていたら、故人の財産となるため、相続財産となります。

こんなときは

保険証券が 見つからないときは？

生命保険に加入しているのがわかっていても、保険証券が見つからないことがあります。そのときは保険会社に誰が受取人かを確認してもらい、保険金請求時に「保険証券紛失届」を併せて提出するか、支払い請求書の「保険証券を紛失した場合」という欄に署名して実印を押すなどすれば（保険会社によって手続きは異なる）、保険金が支払われます。

自分の生命保険の受取人が 亡くなったら？

保険会社や自身の担当者へ連絡して、受取人の変更手続きを行います。変更の手続きを行わないまま亡くなったときは、保険金は、法定相続人（▶ p.98）に支払われることになります。そのときは、法定相続分（▶ p.102）ではなく、相続人全員に均等に分けて支払われます。ですので、保険金を渡したい人がいる場合は、必ず手続きをしておきましょう。

【CASE 1】

Q 借地権の引きつぎ方は？
住んでいた両親が
亡くなったのですが
売ることもできますか？

A 売るには地主の承諾が必要です。

　被相続人が借りている土地の上に建物を立てて住んでいた場合、建物の所有権と土地の借地権を相続人が相続することになります。相続によって借地権を継承するときは、地主の承諾はいりません。ただし、相続することを地主に知らせ、借地契約の名義を変更してもらいます。地主に名義書換料などを払う必要もありません。

　相続した借地権は第三者に売ることもできます。この場合は、地主の承諾が必要です。また売却したときは、承諾料として地主に借地権価格の10％程度を支払うことになります。

【CASE 2】

Q 生前贈与を受けたときの相続税はどうなりますか？

A 相続税でなく、贈与税を納める必要があります。

　生前に財産を無償で譲ることを「贈与」といいます（▶p.96）。贈与で相続税は発生しませんが、その代わり「贈与税」を支払う必要があります。贈与税は相続税と比べて、税率が高く、負担が大きいのが特徴です。ただし、亡くなった日から3年前以内の贈与は「持戻し」（▶p.104）になり、相続税の対象として計算されます。

　贈与税のかかる財産は、生前に故人から譲られた土地、有価証券、貴金属、現金などのほとんどのものです。ただし、年間110万円までの基礎控除があり、贈与額が年間110万円以下なら贈与税はかかりません。そのため、毎年110万円以内で贈与するケースがあり、それを暦年贈与（れきねんぞうよ）といいます。

【CASE 3】

Q 海外に資産があるとき、相続税は発生するのでしょうか?

A 日本に住所や国籍があれば発生します。

　被相続人（故人）から譲られた財産が海外にあっても、相続税が発生する場合があります。相続人の住所が日本にある場合と、住所は海外でも国籍が日本にあれば、相続税がかかります。また被相続人か財産をもらった人のどちらかが、被相続人の死亡日の5年前までに日本国内に住所を持っていれば、相続税を納める義務があるのです。

　上記のどれにも当てはまらず、相続人の住所が日本にない場合には、日本の相続税はかかりません。ちなみに、海外出張や留学などで一時的に日本を離れている場合も、日本国内に住所があることになります。

　なお、海外にある不動産は、日本の財産の評価方法では計算できないので、現地の不動産時価を求める必要があります。不動産鑑定士などの専門家に依頼しましょう。

【CASE 4】

Q 相続税の申告後、まちがいに気がつきました。どんな手続きをすればいいでしょうか?

A すみやかに修正申告をしましょう。

　隠し財産などに気がつかず申告してしまった、骨董などで価値があるものだと知らなかったなど、申告後に遺産が増えてしまうのはよくあるケースです。そのように、申告した納税額より少なかった場合には、「修正申告」を行います。申告の期限はないのですが、気づいたら早めに行いましょう。というのも、延滞税や過少申告課税を課せられてしまうからです。

　延滞税は、利息に相当し、遅れた日数に応じてかかります。また、税務署の調査で指摘されてからの修正申告では、さらに過少申告課税を徴収されます。過少申告課税は、修正申告で納める相続税の10〜15%にもなります。気づいたらすぐ、税務署に指摘される前に訂正するべきです。ちなみに、事実の一部を隠ぺいし、または仮装したときには、35%の重加算税が課税されます。

　逆に納めすぎていたことがわかったら「更正の請求」をします。すると、納めすぎた分が還付されますが、こちらには期限があり、相続税の申告期限から5年以内となっています。

4章

相続税
の申告と納付

相続税のしくみ

▶ 相続した遺産に課される税金を**相続税**といいます。
▶ 遺産総額が**基礎控除**以下なら、相続税の申告と納付の必要はありません。
▶ 相続税の対象になったら、亡くなった翌日から**10か月以内**に申告します。

相続税はすべての人が払うわけではない

相続で遺産を受けついだとき、その遺産に課税される税金を「**相続税**」といいます。相続税は、各相続人が相続財産の割合に応じて納付します。特定の人に集中した財産が、そのまま引きつがれるのではなく、広く社会のために富の再分配をしようというのが、相続税の目的です。**遺贈**、**死因贈与**（ともに▶p.96）で得た財産にも、相続税が課せられます。

しかし、一律に差し引かれる「**基礎控除**」があり、受けついだ遺産総額が基礎控除以下なら、相続税の申告と納付はしなくてよいこ

とになっています。

基礎控除額は、3000万円と、**法定相続人**（▶p.98）の人数に600万円をかけた額の合計となります。たとえば、相続人が配偶者1人だけなら3600万円、配偶者と子ども2人の合計3人なら4800万円となります。

遺産の総額が基礎控除額以上のときには、被相続人が亡くなった翌日から10カ月以内に税務署に申告をします。遺産の分割が終わらないときには、未分割で申告をし、分割見込書（▶p.185）を提出します。まずは、右ページの流れにそって、申告の必要があるかを判断するところから始めます。

相続税の基礎控除額

$$基礎控除額 = 3,000万円 + (600万円 × 法定相続人の人数)$$

＊この額より相続財産が多ければ、相続税の申告をする必要があります。

法定相続人の人数	基礎控除額
1人	3600万円
2人	4200万円
3人	4800万円
4人	5400万円
5人	6000万円

相続税申告の流れ
<ruby>相続税申告<rt>そうぞくぜいしんこく</rt></ruby>

▶申告・納付の必要があるのかを判断する

① 相続した遺産を評価し、金額化する（▶p.170）

現金はそのまま金額を計算できますが、不動産や会員権などは、金銭でいくらになるのかを評価します。

② マイナス分もあわせて集計する

プラスの財産とマイナスの財産（▶p.123）、葬儀・医療費用などの控除（▶p.172）もあわせて、税金の対象となる「課税価格」を計算します。

③ 課税価格から、基礎控除額を差し引く
<ruby>課税価格<rt>かぜいかかく</rt></ruby> <ruby>基礎控除額<rt>きそこうじょがく</rt></ruby>

課税価格から基礎控除（左ページ）を引いた額が、課税の対象になる「課税遺産総額」です。マイナスであれば、申告の必要はありません。

▶相続した遺産が基礎控除額以上だった場合

④ 相続人ごとに相続税額を計算する

相続税は、相続人ごとに計算します。課税遺産総額を相続分ずつに分けて、税率を当てはめます。

⑤ さまざまな控除を差し引く（▶p.172）

配偶者控除、未成年者控除など、基礎控除のほかにも、さまざまな控除があります。受けられる控除は可能な限り利用しましょう。

⑥ 支払額が決定したら、申告・納付を行う

さらに、申告書類にのっとって支払額を出し、10カ月以内に相続人全員で申告と納税をすませます。

⑦ 一括納付が難しい場合は、延納・物納を考慮する（▶p.187）
<ruby>延納<rt>えんのう</rt></ruby> <ruby>物納<rt>ぶつのう</rt></ruby>

相続税は、現金の一括払いですが、できない場合は、分割や物納の申請をします。

死亡手続き 直後

死亡手続き 年金・健康保険

死亡手続き 必要に応じた手続き

遺産・相続 基礎

遺産・相続 遺言・分割

遺産・相続 名義変更

遺産・相続 申告・納付

10か月以内

相続税がかかるものとかからないもの

知っておきたい
Key Word

▶ 遺産には、相続税のかかる**課税財産**と、かからない**非課税財産**の２つがあります。
▶ 相続税を算出するには、**課税価格**を確定しなくてはなりません。

相続税がかかるものとかからないものがある

遺産を引きつぐと、いろいろな種類の財産があることがわかります。その中には相続税のかかる財産（**課税財産**）と、かからない財産（**非課税財産**）があります。すべての財産に、相続税が発生するわけではないのです。

相続税を算出するには、税金の対象となる「**課税価格**」を確定する必要があります。それには、かかるものとかからないものに分け、以下のように求めます。

$$課税価格 = 相続税のかかる財産 - \left(相続税のかからない財産 + 債務 + 葬儀費用 \right)$$

相続税がかかる遺産

課税財産	相続・遺贈で得た財産	預貯金・有価証券	現金、銀行預金、郵便貯金、出資金、株式、公社債、証券など
		土地	宅地、山林、農地（田畑）、牧場、原野、池沼、雑種地など
		土地に有する権利	宅地の地上権、借地権、定期借地権、耕作地権など
		家屋	自家用家屋、貸家、倉庫、駐車場、工場、門、塀、庭園設備など
		事業・農業用の財産	機械、備品、器具、車両、製品、半製品、商品、原材料、農産物、営業上の債権、牛馬、果樹、電話加入権、営業権など
		家庭用財産	家具、什器備品、宝石、貴金属、骨董、書画、美術品、自動車、電話加入権など
		その他	自家用立木、貸付金、未収金（地代、家賃、給与、賞与など）、配当金、ゴルフ会員権、特許権、著作権など
	みなし財産	生命保険金	相続人が受け取った金額が「500万円×法定相続人の人数」を超えると課税対象に
		死亡退職金	相続人が受け取った金額が「500万円×法定相続人の人数」を超えると課税対象に
		個人年金	被相続人が負担した掛け金に対応する部分に課税
		特別縁故者の分与財産	被相続人に相続人が誰もいない場合、特別縁故者に分与される財産
	生前贈与財産		相続開始前の３年以内に、被相続人から贈与された財産
			相続時精算課税制度により、生前に贈与された財産

死亡手続き 直後

死亡手続き 年金・健康保険

死亡手続き 必要に応じた手続き

遺産・相続 基礎

遺産・分割 遺言・分割

遺産・相続 名義変更

遺産・相続 申告・納付

相続税がかからない遺産		
非課税財産	祭祀関係	墓地、墓碑、仏壇、仏具、神棚、祭具
	葬儀関係	香典、花輪代、弔慰金
	公益事業財産	宗教、慈善、学術団体などの公益事業を行った人が、取得した公益事業用の財産
	心身障害者受給金	心身障害者共済制度にもとづく給付金の受給権
	寄付金	国、地方公共団体、公益団体、非営利活動法人などへ寄付した財産
債務		被相続人の借金、未払いの医療費・税金などは非課税

相続税がかかるものとかからないもの

相続税がかかる遺産

相続・遺贈で得た財産

土地や建物などの不動産、株式、電話加入権、預貯金、現金、貴金属、書画、骨董、自動車など、現金に換算できるすべてのものです。

みなし相続財産

死亡によって相続が生じる財産のことを「みなし相続財産」といいます。生命保険金、損害保険金、死亡退職金、生命保険契約に関する権利、定期金（年金）などです。生命保険と死亡退職金は、受取人が法定相続人の場合、「500万円×法定相続人の人数」が非課税とされます。

生前贈与財産

亡くなる前、3年以内の被相続人からの贈与は、相続税がかかります。生前贈与は、年間110万円以下であれば贈与税はかからないのですが、亡くなる前、3年以内のものは、課税の対象になってしまいます。ただし、贈与税の配偶者控除の適用を受けたものは控除されます。

相続税がかからない財産

祭祀関係など

墓地、墓石、仏壇、仏具などの祭祀関係、心身障害共済制度による心身障害受給金、さまざまな団体、公益法人への寄付金などです。

債務

借入金、未払金、国税・地方税・所得税・固定資産税、医療費などは債務控除の対象です。

葬式費用

葬儀料、火葬埋葬料、お布施や戒名料などは控除の対象です。

遺産を洗い出して金額化しましょう

▶ 遺産の全体像をはっきりさせるために、遺産をすべてリストアップし、目録をつくります。
▶ それぞれの遺産がどれだけの金額になるかを評価します。

■ 財産によって
■ 評価方法は決まっている

　相続税がかかるかどうか判断するには、遺産の全体像をはっきりさせる必要があります。この作業をすることで、**遺産分割協議**（▶ p.130）のあとに新たに遺産が見つかって、再度協議をするという事態を避けることができます。遺産を徹底的に洗い出し、すべての遺産をリストアップし、**目録**を作成します。

　目録を作成したら、それぞれの遺産がどれだけの額になるかを評価します。遺産が現金であればその額は明白ですが、土地や建物といった不動産、株式などはその額がすぐにはわからないからです。財産によって、どのように評価するかは以下のように決まっています。

主な財産ごとの評価方法

財産の種類		評価方法
金融資産	普通貯金	死亡日の残高
	定期貯金	中途解約した時点で支払われる利息＋死亡日の残高
	上場株式	死亡日の終値、または死亡日前3カ月の月ごとの終値の平均額など
	投資信託	死亡日の基準価額
土地	宅地	路線方式　（1㎡当たりの路線価×宅地面積） 倍率方式　（固定資産税評価額×倍率）
	借地権	通常の土地の評価額×借地権割合
	貸宅地	自宅地としての評価額×（1－借地権割合）
	アパートなどの敷地	自宅地としての評価額×（1－借地権割合×貸家権利割合×賃貸割合）
建物	家屋	固定資産税評価額
	貸家	固定資産税評価額×70％
その他	自動車	下取り査定価額
	美術品、骨董品	売買実例価額、精通者意見価額などをもとに評価
	ゴルフ会員権	取引価格×70％

財産目録（例）

決まった用紙はありません。わかりやすく整理しましょう。

山田太郎　財産目録（相続開始　令和1年5月20日）

不動産

				評価額	
土地	東京都渋谷区五反田町8番15号	宅地	100㎡	1億5500万円	
建物	東京都渋谷区五反田町8番15号	木造二階建	180㎡	900万円	配偶者・花子が居住

預貯金

定期貯金	いろは銀行　渋谷本店	口座番号　1234567	1000万円	
普通貯金	にほへ銀行　南渋谷支店	口座番号　9876543	80万円	

株式

株式	ABC証券　新東京支店	ファースト株式会社	500株	約160万円	
投資信託	ABC証券　新東京支店	セカンドファンド	200口	約200万円	
投資信託	ABC証券　新東京支店	サードファンド	100口	約50万円	

生命保険

終身保険	オーシャン生命	1000万円	被保険者は山田太郎、受取人は山田花子
がん保険	マウンテン生命	300万円	被保険者は山田太郎、受取人は山田花子

その他

		評価額	
自動車	車名　○○○○○	80万円	
貴金属	腕時計	150万円	

資産合計　1億9420万円

マイナスの財産

ローン	自動車ローン	200万円	
葬祭費用	（山田花子が負担）	700万円	

負債合計　900万円

死亡手続き　直後

死亡手続き　年金・健康保険

死亡手続き　必要に応じた手続き

遺産・相続　基礎

遺産・相続　遺言・分割

遺産・相続　名義変更

遺産・相続　申告・納付

税額が減る控除と特例

▶ 条件によって一定の額が差し引かれるのが**控除**や**特例**。控除が適用されると納める税金が減り、相続税を支払わなくてよいケースが多くなります。

▶ 「配偶者控除」「未成年者控除」「障害者控除」「小規模宅地の特例」などがあります。

税額控除・軽減は7種類あり納税額を低くすることができる

基礎控除（▶ p.166）を引いても遺産総額がプラスになるときは、**税額控除**や**税額軽減**を適用します。税額控除には、以下の6種類があり、さらに特例の軽減もあります。

これらの控除に基礎控除額を加えると、ほとんどのケースで、相続税を納税しなくてもよいことになるでしょう。

未成年者控徐

法定相続人が20歳未満なら、20歳になるまでの年数に応じた控除があります。もし、控除額が相続税額を超えるようであれば、超過分を未成年者の扶養義務者やほかの相続人の相続税額から引くことができます。

控除額＝10万円×（20歳−相続人の年齢）
※1年未満は切り捨てる

配偶者控除

被相続人の配偶者には「配偶者の税額軽減」があり、相続税がかからないことがほとんど。相続額が、1億6000万円か、法定相続分のどちらか多いほうの金額以下なら、相続税はかかりません。

ただし、相続税の申告期限（相続の開始から10カ月以内）までに申告し、遺産分割が確定していることが前提。また、適用を受けて相続税がかからなくなったとしても、相続税の申告をする必要があります（申告要件という）。

障害者控除

法定相続人が85歳以下の障害者なら、障害者控除が適用され、障害の程度によって、一般障害者と特別障害者に分けられます。控除額が相続税額を超える場合は、超過分を扶養義務者であるほかの相続人の相続税額から引くことができます。

一般障害者の場合
控除額＝10万円×（85歳−相続人の年齢）

特別障害者の場合
控除額＝20万円×（85歳−相続人の年齢）

※ともに1年未満は切り捨てる

贈与税額控除

相続開始（亡くなった翌日）前3年以内に受けた贈与は、相続税の対象。このとき贈与税を払っていれば、二重に課税されることになります。二重課税を避けるために、贈与税の相当額を相続税額から控除できます。

相次相続控除

相続が相次ぐと、税負担が大きくなります。10年以内に同一財産に相続が2回以上発生した場合、相次相続控除を受けられます。

$$控除額 = A \times \frac{C}{B-A} \times \frac{C}{D} \times \frac{10-E}{10}$$

A：被相続人が前の相続でもらった財産に課税された相続税額
B：被相続人が前の相続でもらった財産の価額（債務控除後の金額）
C：今回の相続で相続人・受遺者全員がもらった財産の合計額（債務控除後の金額）
D：今回の相続によって控除対象者がもらった財産の価額（債務控除後の金額）
E：前回の相続開始の年から、今回の相続開始までの年数（1年未満は切り捨て）

外国税額控除

外国にある被相続人の財産を、日本にいる法定相続人が受けつぐとき、外国と日本とで相続税が二重にかかるのを避けるために、外国での税金分を日本の相続税額から控除することができます。

① **外国で課税された相続税額**

② **相続税額 ×** $\dfrac{外国にある財産}{相続人の正味の相続財産の額}$

⇒ **①か②のうち少ない額**

小規模宅地の特例

被相続人が、自宅や事業に使っていた土地は、一定の面積まで評価額が80%または50%減額される税額軽減。対象となるのは、以下に当てはまる場合です。

利用区分	上限面積	減額割合	相続する人	条件
被相続人が住んでいた宅地	330㎡まで	80%	①配偶者	なし
			②同居していた親族	土地を所有し住み続けること
			③①と②がいない場合、持ち家がなく別居している親族 ※ただし、以下に当てはまる場合は対象外 ・相続開始前3年以内に、被相続人の3親等以内の親族または同族家族が所有する家屋に住んだことがある ・相続開始時に住んでいた家屋を、過去に所有していたことがある	申告期限までその土地を持ち続けること。家屋に移り住む必要はない
事業を営んでいた事業用宅地	400㎡まで	80%	親族	事業を引きつぎ続ける場合
貸付事業用の宅地	200㎡まで	50%		3年以上貸付事業を継続していて、今後も続ける場合

死亡手続き　直後

死亡手続き　年金・健康保険

死亡手続き　必要に応じた手続き

遺産・相続　基礎

遺産・相続　遺言・分割

遺産・相続　名義変更

遺産・相続　申告・納付

相続税の計算

▶ すべての相続人に適用される基礎控除をはじめ、可能な**控除をすべて適用**しましょう。

▶ 配偶者控除や小規模宅地の特例などの控除で、**納税額が0になっても申告は必ず行います**。

■ 相続税の納税額は相続人ごとに計算する

相続税は、次のステップで計算します。

①相続総額を出す→②基礎控除を引き、税金がかかる額を出す→③相続人ごとの税金がかかる額を出す→④相続税額を出す→⑤相続割合で分け、控除を引いて納税額を出す。

ここでは夫が亡くなり、配偶者と子ども2人が法定相続分で分けるケースで、計算してみましょう。

相続人

（例）　配偶者　　　長男　　　長女

相続税の計算方法

① 相続総額を出す

相続する財産のすべて（マイナス財産も含む）を金額化し、総額を出します。

自宅（土地・建物）	4,500万円●
借地	2,000万円●
預貯金・金融商品	1,200万円
みなし相続財産	2,500万円●
債務	−200万円●
葬式費用	−700万円●
計	**9,300万円**

小規模宅地の特例適用後の金額

小規模宅地の特例については▶ p.173

死亡保険金はみなし相続財産とされ、500万円×法定相続人の数は非課税になる。それを引いた金額

（例）

4,000万円−（500万円×3人）＝2,500万円

死亡保険金

みなし相続財産については▶ p.168

マイナスの財産である債務や、相続税がかからない財産分は引く

相続税がかからない財産については▶ p.169

直後 死亡手続き

年金・健康保険 死亡手続き

必要に応じた手続き 死亡手続き

基礎 遺産・相続

遺言・分割 遺産・相続

名義変更 遺産・相続

② 基礎控除を引き、税金がかかる額を出す

相続総額から、一律に差し引かれる基礎控除（▶p.166）額を引いた額が、
税金がかかる額（課税価格）になります。

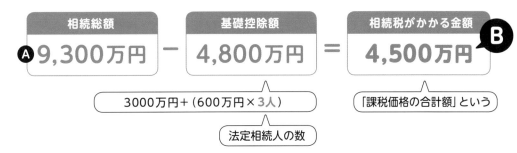

相続総額		基礎控除額		相続税がかかる金額
Ⓐ 9,300万円	−	4,800万円	=	4,500万円 Ⓑ

3000万円＋（600万円×3人）

法定相続人の数

「課税価格の合計額」という

③ 相続人ごとの税金がかかる額を出す

分け方は話し合いで決めてよいのですが、ここではわかりやすく民法の「法定相続分」
（▶p.102）に従った分け方で計算します。

Ⓑ 4,500万円を家族で分割…

$\frac{1}{2}$ 配偶者の課税価格 2,250万円

$\frac{1}{4}$ 長男の課税価格 1,125万円

$\frac{1}{4}$ 長女の課税価格 1,125万円

こんなときは　相続人が配偶者、子ども、親以外のときは？

相続人が配偶者及び1親等の血族以外、つまり兄弟姉妹や相続人の孫など
であった場合は、相続税額は2割増しになります。この例では、p.176の
⑤で控除を適用する前の額に、2割が加算されます。なお、養子も子どもに
含まれますが、孫を養子にした場合は2割増しの対象になります。

④ 相続税額を出す
そうぞくぜいがく

下の表の税率と控除額をもとに、各相続人の相続税額を出します。そして、いったん
すべて足して、相続税額の総額を算出します。※千円以下は四捨五入しています

配偶者 **C** **2,250**万円 × **15**% − **50**万円 = **287.5**万円

長男 **D** **1,125**万円 × **15**% − **50**万円 = **118.75**万円

相続税額の総額
F 525万円

長女 **E** **1,125**万円 × **15**% − **50**万円 = **118.75**万円

いったん
すべて足す

相続税の税率と控除額の早見表

課税価格	税率	控除額	課税価格	税率	控除額
6億円超	55%	7,200万円	1億円以下	30%	700万円
6億円以下	50%	4,200万円	5,000万円以下	20%	200万円
3億円以下	45%	2,700万円	3,000万円以下	15%	50万円
2億円以下	40%	1,700万円	1,000万円以下	10%	なし

⑤ 相続割合で分け、控除を引いて納税額を出す
そうぞくわりあい　　　　こうじょ　　　　　　　　　　のうぜいがく

最終的な計算は、実際に相続した割合で、総額を分けます。

※1 ここではp.178〜179の例で出した数値で計算しています。　※2 千円以下は四捨五入しています

配偶者 **F** **525**万円[※1] × **0.50000** = **262.5**万円[※2]

配偶者の納税額
0万円

控除のいろいろ▶ p.172

配偶者控除の適用で、取得した財産が1億6000万円
以下か、法定相続分以下なら相続税はかからない

長男 **F** **525**万円 × **0.25000** = **131.25**万円

長男の納税額
131.25万円

長女 **F** **525**万円 × **0.25000** = **131.25**万円

長女の納税額
131.25万円

相続税の申告書の書き方

死亡手続き 直後

死亡手続き 年金・健康保険

死亡手続き 必要に応じた手続き

遺産・相続 基礎

遺産・相続 遺言・分割

遺産・相続 名義変更

遺産・相続 申告・納付

これが重要！

▶ **申告**と**納税**は、10カ月以内に、被相続人の**居住地**の**税務署**で行います。
▶ **申告書**は15表まであるが、当てはまる**遺産**がない表は記入しません。

■ 納税申告書は相続人全員で作成する

相続税の申告・納税は、被相続人が死亡し相続が開始した日の翌日から、10カ月以内に行います。申告する窓口は、被相続人の居住地を管轄する税務署です。

申告書は税務署で入手します。第1表から第15表まであり、添付の手引書を見ながら、該当する表だけを選んで記入します。各表の内容と記入順は、以下を参考にしてください。申告が必要な全員で作成します。

相続税の申告書

届け出人	相続人
届け出先	税務署
期限	10カ月以内
必要書類	□被相続人の出生から死亡までの戸籍（除籍）謄本と相続人全員の戸籍謄本、または法定相続情報一覧図の写し □相続人全員の印鑑証明 □遺産分割協議書 □相続したものを証明する書類（不動産の登記簿謄本、預貯金の残高証明書など） □遺産の分割がわかる書類（公正証書遺言、遺言書の検認済証明書など） □相続人全員のマイナンバーが確認できる書類

書き方 ▶ p.178

相続税の申告書の種類と記入順

❶相続税がかかる財産について、第9表から第11表まで記入します。
❷債務や葬式費用などについて第13表を、生前贈与や寄付などについて第14表を記入します。
❸第11～14表をもとに、第15表を記入します。
❹課税価格と相続税額を出すため、第1表と第2表を記入します。
❺控除額を出すため、第4～8表を記入。第1表に控除額を転記し、それぞれの納付額を出します。

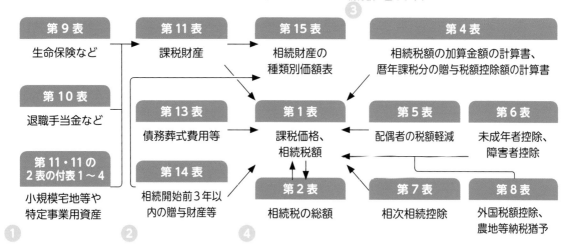

第9表 生命保険など

第11表 課税財産

第15表 相続財産の種類別価額表

第4表 相続税額の加算金額の計算書、暦年課税分の贈与税額控除額の計算書

第10表 退職手当金など

第13表 債務葬式費用等

第1表 課税価格、相続税額

第5表 配偶者の税額軽減

第6表 未成年者控除、障害者控除

第11・11の2表の付表1～4 小規模宅地等や特定事業用資産

第14表 相続開始前3年以内の贈与財産等

第2表 相続税の総額

第7表 相次相続控除

第8表 外国税額控除、農地等納税猶予

第1表 相続税の申告書（記入例）

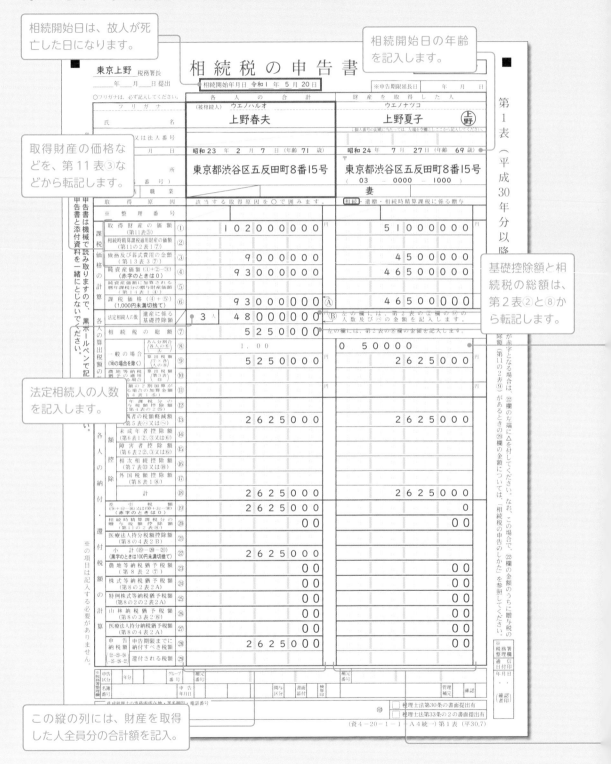

第1表　相続税の申告書（続）（記入例）

死亡手続き
直後

死亡手続き
年金・健康保険

死亡手続き
必要に応じた手続き

遺産・相続
基礎

遺産・相続
遺言・分割

遺産・相続
名義変更

遺産・相続
申告・納付

「相続税の申告書」の続きになります。第1表で入りきらなかった相続人について記入します。3人以上いる場合は、この「相続税の申告書（続）」を追加します。

相続税の申告書（続）

FD3560

第1表（続）（平成30年分以降用）

	財産を取得した人	財産を取得した人
フリガナ	ウエノアキコ	ウエノフユオ
氏名	上野秋子 ㊞上野	上野冬夫 ㊞上野
生年月日	昭和54年 4月 18日（年齢 40歳）	昭和56年 10月 24日（年齢 37歳）
住所	〒 東京都江東区豊川11番1002号	〒 東京都渋谷区五反田町8番15号
電話番号	（03 － 1000 － 2000）	（03 － 0000 － 1000）
被相続人との続柄 職業	子	子
取得原因	相続・遺贈・相続時精算課税に係る贈与	相続・遺贈・相続時精算課税に係る贈与
※ 整理番号		

課税価格の計算

取得財産の価額（第11表③）①	25500000	25500000
相続時精算課税適用財産の価額（第11の2表1⑦）②		
債務及び葬式費用の金額（第13表3⑦）③	2250000	2250000
純資産価額（①+②-③）（赤字のときは0）④	23250000	23250000
純資産価額に加算される暦年課税分の贈与財産価額（第14表1④）⑤		
課税価格（④+⑤）（1,000円未満切捨て）⑥	23250000	23250000

相続割合になる「あん分割合」です。各人の相続額を相続総額で割った数値。

法定相続人の数 遺産に係る基礎控除額		
相続税の総額 ⑦		
あん分割合（各人の⑥）⑧	0 25000	0 25000
一般の場合（⑩を除く）算出税額（⑦×⑧）⑨	1312500	1312500
農地等納税猶予の適用を受ける場合算出税額（第3表⑧）⑩		
相続税額の2割加算が行われる場合の加算金額（第4表1⑥）⑪		

各人の納付・還付税額の計算

税額控除			
暦年課税分の贈与税額控除額（第4表の2⑨）⑫		
配偶者の税額軽減額（第5表⑤又は⑥）⑬		
未成年者控除額（第6表1②、3又は6）⑭		
障害者控除額（第6表2②、3又は6）⑮		
相次相続控除額（第7表⑬又は⑱）⑯		
外国税額控除額（第8表1⑧）⑰		
計 ⑱		
差引税額（⑨+⑪-⑱）又は（⑩+⑪-⑱）（赤字のときは0）⑲	1312500	1312500
相続時精算課税分の贈与税額控除額（第11の2表⑧）⑳	00	00
医療法人持分税額控除額（第8の4表2B）㉑		
小計（⑲-⑳-㉑）（黒字のときは100円未満切捨て）㉒	1312500	1312500
農地等納税猶予税額（第8の2表2⑦）㉓	00	00
株式等納税猶予税額（第8の2表2A）㉔	00	00
特例株式等納税猶予税額（第8の2の2表2A）㉕	00	00
山林納税猶予税額（第8の3表2⑧）㉖	00	00
医療法人持分納税猶予税額（第8の4表2A）㉗	00	00
申告納税額 申告期限までに納付すべき税額（㉒-㉓-㉔-㉕-㉖-㉗）㉘	1312500	1312500
還付される税額 ㉙		

申告区分	年分	グループ番号	補完番号	補完番号
名簿番号	申告年月日		管理補完 確認 検算印	管理補完 確認

（資4-20-2-1-A4統一）第1表（続）（平30.7）

（注）㉒欄の金額が赤字となる場合は、㉒欄の左端に△を付してください。なお、この場合で、㉒欄の金額のうちに贈与税の外国税額控除額（第11の2表⑧）があるときの㉙欄の金額については、「相続税の申告のしかた」を参照してください。

※の項目は記入する必要がありません。

財産を取得した人、1人につき縦1列を記入します。

第2表　相続税の総額の計算書（記入例）

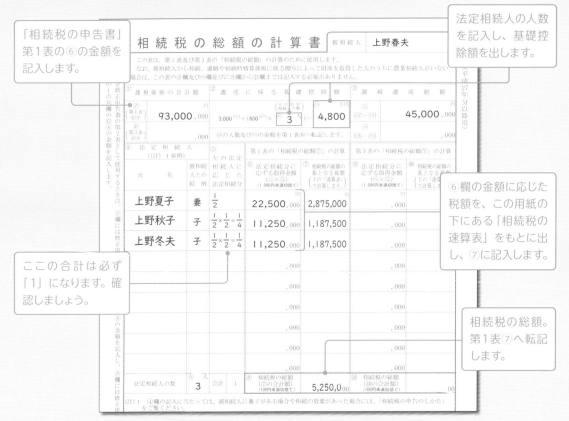

「相続税の申告書」第1表の⑥の金額を記入します。

法定相続人の人数を記入し、基礎控除額を出します。

相続税の総額の計算書　被相続人　上野春夫

この表は、第1表及び第3表の「相続税の総額」の計算のために使用します。
なお、被相続人から相続、遺贈や相続時精算課税に係る贈与によって財産を取得した人のうちに農業相続人がいない場合は、この表の⑧欄及び⑪欄並びに⑨欄から⑪欄までは記入する必要がありません。

（平成27年分以降用）

課税価格の合計額	遺産に係る基礎控除額	課税遺産総額
⑦（第1表⑥A）　93,000,000 円	3,000万円＋（600万円× 3 人）＝ 4,800 万円	（⑦－②）　45,000,000 円
,000	⑧の人数及び⑨の金額を第1表⑥へ転記します。	(⑨－⑩),000

④ 法定相続人（注）1参照	左の法定相続人に応じた法定相続分	第1表の「相続税の総額⑦」の計算		第3表の「相続税の総額⑦」の計算	
氏名 ／ 被相続人との続柄		⑥法定相続分に応ずる取得金額（⑤×⑤）（1,000円未満切捨て）	⑦相続税の総額の基となる税額（下の「速算表」で計算します）	⑧法定相続分に応ずる取得金額（⑥×⑤）（1,000円未満切捨て）	⑪相続税の総額の基となる税額（下の「速算表」で計算します）
上野夏子　妻	1/2	22,500,000	2,875,000	,000	
上野秋子　子	1/2 × 1/2 = 1/4	11,250,000	1,187,500	,000	
上野冬夫　子	1/2 × 1/2 = 1/4	11,250,000	1,187,500	,000	
		,000		,000	
		,000		,000	
		,000		,000	
		,000		,000	
		,000		,000	
法定相続人の数 A 3 人　合計 1		⑪相続税の総額（⑦の合計額）（100円未満切捨て）　5,250,000		⑪相続税の総額（⑪の合計額）（100円未満切捨て）　00	

（注）1　④欄の記入に当たっては、被相続人に養子がある場合や相続の放棄があった場合には、「相続税の申告のしかた」をご覧ください。

ここの合計は必ず「1」になります。確認しましょう。

⑥欄の金額に応じた税額を、この用紙の下にある「相続税の速算表」をもとに出し、⑦に記入します。

相続税の総額。第1表⑦へ転記します。

第5表　配偶者の税額軽減額の計算書（記入例）

配偶者の法定相続割合を記入します。

配偶者の税額軽減額の計算書　被相続人　上野春夫

第5表（平成21年4月分以降用）

私は、相続税法第19条の2第1項の規定による配偶者の税額軽減の適用を受けます。

1　一般の場合	この表は、①被相続人から相続、遺贈や相続時精算課税に係る贈与によって財産を取得した人のうちに農業相続人がいない場合又は②配偶者が農業相続人である場合に記入します。

	（第1表の④の金額）　〔配偶者の法定相続分〕		※
課税価格の合計額のうち配偶者の法定相続分相当額	93,000,000円× 1/2 ＝ 46,500,000 円		160,000,000 円
	上記の金額が16,000万円に満たない場合には、16,000万円	→	

第11表の配偶者の①と③、第1表の③を転記します。

配偶者の税額軽減額を計算する課税価格	分割財産の価額（第11表の配偶者の①の金額）	分割財産の価額から控除する債務及び葬式費用の金額		未分割財産の価額（第11表の配偶者の②の金額）	②−③の金額（③の金額が②の金額より大きいときは0）	純資産価額に加算される暦年課税分の贈与財産価額（第1表の配偶者の⑤の金額）	（①−③＋⑤）の金額（⑤の金額が①−③より小さいときは⑤の金額）（1,000円未満切捨て）
	② 51,000,000 円	③債務及び葬式費用の金額（第1表の配偶者の③の金額）4,500,000 円		④ 円	⑤ 4,500,000 円	⑥ 円	⑦ 46,500,000 円

⑦相続税の総額（第1表の⑦の金額）	⑧の金額と⑨の金額のうちいずれか少ない方の金額	課税価格の合計額（第1表の④の金額）	⑩配偶者の税額軽減の基となる金額（⑦×⑧÷⑨）
5,250,000 円	⑧ 46,500,000 円	⑨ 93,000,000 円	2,625,000 円
配偶者の税額軽減の限度額	（第1表の配偶者の⑨又は⑩の金額）（第1表の配偶者の⑫の金額）⑪ 2,625,000 円		2,625,000 円
配偶者の税額軽減額	（⑩の金額と⑪の金額のうちいずれか少ない方の金額）⑫		2,625,000 円

（注）⑫の金額を第1表の配偶者の「配偶者の税額軽減額⑬」欄に転記します。

第11表の配偶者の①と③、第1表の③を転記します。

第1表⑬へ転記します。

2　配偶者以外の人が農業相続人である場合	この表は、被相続人から相続、遺贈や相続時精算課税に係る贈与によって財産を取得した人のうちに農業相続人がいる場合で、かつ、その農業相続人が配偶者以外の場合に記入します。

	（第3表の④の金額）　〔配偶者の法定相続分〕	※ 円

第9表
せいめいほけん
生命保険などの
めいさいしょ
明細書（記入例）

生命保険金などの明細書 被相続人 上野春夫

第9表（平成21年4月分以降用）

1 相続や遺贈によって取得したものとみなされる保険金など
この表は、相続人やその他の人が被相続人から相続や遺贈によって取得したものとみなされる生命保険金、損害保険契約の死亡保険金及び契約者貸付金などを受け取った場合に、その受取金額などを記入します。

保険会社等の所在地	保険会社等の名称	受取年月日	受取金額	受取人の氏名
	いろは生命	1・6・1	20,000,000	上野夏子
	いろは生命	1・6・1	10,000,000	上野秋子
	いろは生命	1・6・1	10,000,000	上野冬夫
		・ ・		

2 課税される金額の計算
この表は、被相続人の死亡によって相続人が生命保険金などを受け取った場合に、記入します。

保険金の非課税限度額	（500万円 × 3 人）
	15,000,000

保険金などを受け取った相続人の氏名	受け取った保険金などの金額	非課税金額（各人の①）	課税金額（①－②）
上野夏子	20,000,000	7,500,000	12,500,000
上野秋子	10,000,000	3,750,000	6,250,000
上野冬夫	10,000,000	3,750,000	6,250,000
合　計	40,000,000	15,000,000	25,000,000

> 法定相続人の人数から非課税限度額を出し、課税対象になる金額を出します。

第13表
さいむ
債務及び葬式費用
めいさいしょ
の明細書（記入例）

債務及び葬式費用の明細書 被相続人 上野春夫

第13表（平成21年4月分以降用）

1 債務の明細

種類	細目	債権者 氏名又は名称／住所又は所在地	発生年月日／弁済期限	金額	負担する人の氏名	負担する金額
債務	借入金	いろは銀行		2,000,000	上野夏子	1,000,000
					上野秋子	500,000
					上野冬夫	500,000
計				2,000,000		

2 葬式費用の明細

支払先 氏名又は名称／住所又は所在地	支払年月日	金額	負担することが確定した人の氏名	負担する金額
あいう葬儀社	・ ・	7,000,000	上野夏子	3,500,000
			上野秋子	1,750,000
			上野冬夫	1,750,000
計		7,000,000		

3 債務及び葬式費用の合計額

		各人の合計			
債務	負担することが確定した債務	2,000,000	1,000,000	500,000	500,000
	負担することが確定していない債務				
	計（①＋②）	2,000,000	1,000,000	500,000	500,000
葬式費用	負担することが確定した葬式費用	7,000,000	3,500,000	1,750,000	1,750,000
	負担することが確定していない葬式費用				
	計（④＋⑤）	7,000,000	3,500,000	1,750,000	1,750,000
合計（③＋⑥）		9,000,000	4,500,000	2,250,000	2,250,000

> 相続開始時点での債務を記入。借入金、未払いの税金等、種類ごとに書きます。

> お布施などの明細を記入。支払先が多い場合は、別紙に書いて添付します。

死亡手続き 直後

死亡手続き 年金・健康保険

死亡手続き 必要に応じた手続き

遺産・相続 基礎

遺産・相続 遺言・分割

遺産・相続 名義変更

遺産・相続 申告・納付

第11表　相続税がかかる財産の明細書（記入例）

遺産の分割がすべて終わっていれば「全部分割」に、残っていれば「一部分割」に○をつけ、日付を入れます。

相続税がかかる財産の明細書
（相続時精算課税適用財産を除きます。）

被相続人　**上野春夫**

第11表（平成21年4月分以降用）

この表は、相続や遺贈によって取得した財産及び相続や遺贈によって取得したものとみなされる財産のうち、相続税のかかるものに

区分	① 全部分割	2 一部分割	3 全部未分割
の日	1・6・30	・・	・・

課税価格の明細についてはこの表によらず第11の2表に記載します。

種類	細目	利用区分、銘柄等	所在場所等	数量 固定資産税評価額	単価 倍数	価額	取得した人の氏名	取得財産の価額
土地	宅地（11表付表1）	居宅	渋谷区五反田町8番15号	412.5㎡	円	18,900,000 円	上野夏子	（持分1/2）18,900,000 円
	宅地（11表付表1）					9,450,000	上野秋子	（持分1/4）9,450,000
	宅地（11表付表1）					9,450,000	上野冬夫	（持分1/4）9,450,000
	（小計）					(37,800,000)		
土地	その他の土地	借地権	浦安市みなと5番19号			20,000,000	上野夏子	（持分1/2）10,000,000
							上野秋子	（持分1/4）5,000,000
							上野冬夫	（持分1/4）5,000,000
	（小計）					(20,000,000)		
（計）						((57,800,000))		
家屋	家屋、構築物	居宅	渋谷区五反田町8番15号	100㎡		7,200,000	上野夏子	（持分1/2）3,600,000
							上野秋子	（持分1/4）1,800,000
							上野冬夫	（持分1/4）1,800,000
（計）						((7,200,000))		
有価証券	○○航空（株）	ABC証券		4000株	750	3,000,000	上野夏子	（持分1/2）1,500,000
							上野秋子	（持分1/4）750,000
							上野冬夫	（持分1/4）750,000
（計）						((3,000,000))		
現金、預貯金	預金	いろは銀行				9,000,000	上野夏子	（持分1/2）4,500,000
							上野秋子	（持分1/4）2,250,000
							上野冬夫	（持分1/4）2,250,000

種類や細目などを、別にある「記載要領」にそって記入します。

	財産を取得した人の氏名	（各人の合計）					
合 計 表	分割財産の価額 ①	円	円	円	円	円	円
	未分割財産の価額 ②						
	各人の取得財産の価額（①＋②）③						

（注）　1　「合計表」の各人の③欄の金額を第1表のその人の「取得財産の価額①」欄に転記します。
　　　　2　「財産の明細」の「価額」欄は、財産の細目、種類ごとに小計及び計を付し、最後に合計を付して、それらの金額を第15表の①から㉘までの該当欄に転記します。

第11表(平30.7)

(資4—20—12—1—A4統一)

※ここでは、財産ひとつひとつをすべて法定相続分で分けた例を掲載しましたが、たとえば土地・建物は配偶者がすべて、預貯金は子どもがすべてというように財産ごとに分けることも多くあります。

死亡手続き 直後

死亡手続き 年金・健康保険

死亡手続き 必要に応じた手続き

遺産・相続 基礎

遺産・相続 遺言・分割

遺産・相続 名義変更

遺産・相続 申告・納付

相続税がかかる財産の明細書
（相続時精算課税適用財産を除きます。）

被相続人　上野春夫

第11表（平成21年4月分以降用）

○相続時精算課税適用財産の明細については、この表によらず第11の2表に記載します。

この表は、相続や遺贈によって取得した財産及び相続や遺贈によって取得したものとみなされる財産のうち、相続税のかかるものについての明細を記入します。

遺産の分割状況	区　分	1 全部分割	2 一部分割	3 全部未分割
	分割の日	・　・	・　・	

財　産　の　明　細						分割が確定した財産	
種類	細目	利用区分、銘柄等	所在場所等	数量 固定資産税評価額 倍数	単価 数	価額	取得した人の氏名	取得財産の価額

種類	細目	利用区分、銘柄等	所在場所等	数量/固定資産税評価額/倍数	単価/数	価額	取得した人の氏名	取得財産の価額
						円 ((9,000,000))		円
((計))						円		円
みなし相続財産	生命保険金等					12,500,000	上野夏子	12,500,000
みなし相続財産	生命保険金等					6,250,000	上野秋子	6,250,000
みなし相続財産	生命保険金等					6,250,000	上野冬夫	6,250,000
((計))						((25,000,000))		
[合計]						[102,000,000]		

第9表、第10表などで出した課税価額を記入します。

第1表の各人の①欄に転記します。

財産を取得した人の氏名	（各人の合計）	上野夏子	上野秋子	上野冬夫		
分割財産の価額　①	円 102,000,000	円 51,000,000	円 25,500,000	円 25,500,000	円	円
未分割財産の価額　②						
各人の取得財産の価額（①＋②）　③	102,000,000	51,000,000	25,500,000	25,500,000		

（注）1　「合計表」の各人の③欄の金額を第1表のその人の「取得財産の価額①」欄に転記します。
　　　2　「財産の明細」の「価額」欄は、財産の細目、種類ごとに小計及び計を付し、最後に合計を付して、それらの金額を第15表の①から㉘までの該当欄に転記します。

第11表（平30.7）

（資4−20−12−1−A4統一）

第11・11の2表の付表1
小規模宅地等についての課税価格の計算明細書（記入例）

■ 小規模宅地等についての課税価格の計算明細書　　　　F D 3 5 4 5 ■

被相続人　　上野春夫

> 小規模宅地等の種類によって1～4を書き入れます。1＝特定居住用宅地等、2＝特定事業用宅地等、3＝特定同族会社事業用宅地、4＝貸付事業用宅地等

> 小規模宅地等の特例の対象となる財産を取得したすべての相続人が、この特例を受けることに同意したことを示すため、取得した相続人すべての名前を記入します。

氏名	上野夏子	上野秋子	上野冬夫

（注）1　小規模宅地等の特例の対象となり得る宅地等を取得した全ての人の同意がなければ、この特例の適用を受けることはできません。
　　　2　上記の各欄に記入しきれない場合には、第11・11の2表の付表1（続）を使用します。

2　小規模宅地等の明細
　この欄は、小規模宅地等についての特例の対象となり得る宅地等を取得した人のうち、その特例の適用を受ける人が選択した小規模宅地等の明細等を記載し、相続税の課税価格に算入する価額を計算します。
　「小規模宅地等の種類」欄は、選択した小規模宅地等の種類に応じて次の1～4の番号を記入します。
　小規模宅地等の種類：　1 特定居住用宅地等、　2 特定事業用宅地等、　3 特定同族会社事業用宅地等、　4 貸付事業用宅地等

選択した小規模宅地等	小規模宅地等の種類 1～4の番号を記入します。	特例の適用を受ける取得者の氏名　事業内容	③のうち小規模宅地等（「限度面積要件」を満たす宅地等）の面積
		所在地番	④のうち小規模宅地等（④×⑤／③）の価額
		取得者の持分に応ずる宅地等の面積	課税価格の計算に当たって減額される金額（⑥×⑨）
		取得者の持分に応ずる宅地等の価額	課税価格に算入する価額（④－⑦）
	1	上野夏子	1 6 5 ㎡
		東京都渋谷区五反田町8番15号	4 2 0 0 0 0 0 0 円
		2 0 6　2 5 ㎡	3 3 6 0 0 0 0 0 円
		5 2 5 0 0 0 0 0 円	1 8 9 0 0 0 0 0 円
	1	上野秋子	8 2　5 ㎡
		東京都渋谷区五反田町8番15号	2 1 0 0 0 0 0 0 円
		1 0 3　1 2 5 ㎡	1 6 8 0 0 0 0 0 円
		2 6 2 5 0 0 0 0 円	9 4 5 0 0 0 0 円
	1	上野冬夫	8 2　5 ㎡
		東京都渋谷区五反田町8番15号	2 1 0 0 0 0 0 0 円
		1 0 3　1 2 5 ㎡	1 6 8 0 0 0 0 0 円
		2 6 2 5 0 0 0 0 円	9 4 5 0 0 0 0 円

（注）1　①欄の「　」は、選択した小規模宅地等が被相続人等の事業用宅地等（2、3又は4）である場合に、相続開始の直前にその宅地等の上で行われていた被相続人等の事業について、例えば、飲食サービス業、法律事務所、貸家などのように具体的に記入します。
　　　2　小規模宅地等を選択する一の宅地等が共有である場合又は一の宅地等が貸家建付地である場合において、その評価額の計算上「賃貸割合」が1でないときには、第11・11の2表の付表1（別表）を作成します。
　　　3　⑧欄の金額を第11表の「財産の明細」の「価額」欄に転記します。
　　　4　上記の各欄に記入しきれない場合には、第11・11の2表の付表1（続）を使用します。

○　「限度面積要件」の判定
　上記「2　小規模宅地等の明細」の⑤欄で選択した宅地等の全てが限度面積要件を満たすものであることを、この表の各欄を記入することにより判定します。

小規模宅地等の区分	被相続人等の居住用宅地等	被相続人等の事業用宅地等		
小規模宅地等の種類	1 特定居住用宅地等	2 特定事業用宅地等	3 特定同族会社事業用宅地等	4 貸付事業用宅地等
減額割合	80／100	80／100	80／100	50／100
⑤の小規模宅地等の面積の合計	330 ㎡		㎡	
小規模宅地等のうちに4貸付事業用宅地等がない場合	330 ≦330㎡		㎡ ≦ 400㎡	
小規模宅地等のうちに4貸付事業用宅地等がある場合	㎡×200／330 +	㎡×200／400 +		㎡ ≦ 200㎡

（注）限度面積は、小規模宅地等の種類（「4 貸付事業用宅地等」の選択の有無）に応じて、面積（イ又はロ）により判定を行います。「限度面積要件」を満たす場合に限り、この特例の適用を受けることができます。

> 特例が受けられる面積には限度があり、限度以内と証明するために、面積の合計を書きこみます。

> 小規模宅地等の面積や価額を、上の欄に従って下の欄に記入します。

名簿番号	申告年月日		一連	グループ	補完

死亡手続き 直後

死亡手続き 年金・健康保険

死亡手続き 必要に応じた手続き

遺産・相続 基礎

遺産・相続 遺言・分割

遺産・相続 名義変更

遺産・相続 申告・納付

こんな ときは

相続税の申告の期限までに遺産の分割が終わらないときは？

未分割申告を行います。法定相続分で計算した仮申告をし、その金額で仮納税もします。分割が決まり次第、改めて申告し、仮納税との誤差を清算します。

遺産分割の期限は法律で定められていないので、いつまででもよいのですが、未分割のままだと控除や特例が受けられず、物納も認められません。そこでその場合は相続税の申告書とともに「申告期限後3年以内の分割見込書」を提出します。さらに3年たっても分割ができなかったときには「遺産が未分割であることについてやむを得ない事由がある旨の承認申請書」を提出します。

「遺産が未分割であることについてやむを得ない事由がある旨の承認申請書」については ▶ p.186

申告期限後 3年以内の 分割見込書 （記入例）

※相続税の申告期限（相続開始後10カ月以内）に、未分割申告書とともに提出。受けられない控除や特例もあるので注意する

理由を簡潔に書きます。「まだ遺産がすべて把握できていない」「相続人に未成年者がいる」など。

見通しを書きます。「3年以内には分割できる予定」「相続人が成人ししだい、分割会議を行う予定」など。

適用を受けられる特例は、ここに書かれている4つのみです。受けるものに○をつけます。

通信日付印の年月日	確認印	名簿番号
年 月 日		

被相続人の氏名　**上野春夫**

申告期限後3年以内の分割見込書

相続税の申告書「第11表（相続税がかかる財産の明細書）」に記載されている財産のうち、まだ分割されていない財産については、申告書の提出期限後3年以内に分割する見込みです。

なお、分割されていない理由及び分割の見込みの詳細は、次のとおりです。

1　分割されていない理由

　相続人の一人が海外におり、
　分割協議が整わない

2　分割の見込みの詳細

　海外にいる相続人が帰国しだい、
　分割協議を行う予定

3　適用を受けようとする特例等

①　配偶者に対する相続税額の軽減（相続税法第19条の2第1項）
②　小規模宅地等についての相続税の課税価格の計算の特例
　　（租税特別措置法第69条の4第1項）
(3)　特定計画山林についての相続税の課税価格の計算の特例
　　（租税特別措置法第69条の5第1項）
(4)　特定事業用資産についての相続税の課税価格の計算の特例
　　（所得税法等の一部を改正する法律(平成21年法律第13号)による
　　改正前の租税特別措置法第69条の5第1項）

（資4－21－A4統一）　（平28.6）

185

遺産が未分割であることについて やむを得ない事由がある旨の承認申請書（記入例）

※相続税の申告期限後、3年を経過する日の翌日から2カ月以内に提出する。
　3年以内に提出すると認められないこともとあるので注意する。
※受けようとする特例ごとに提出する。

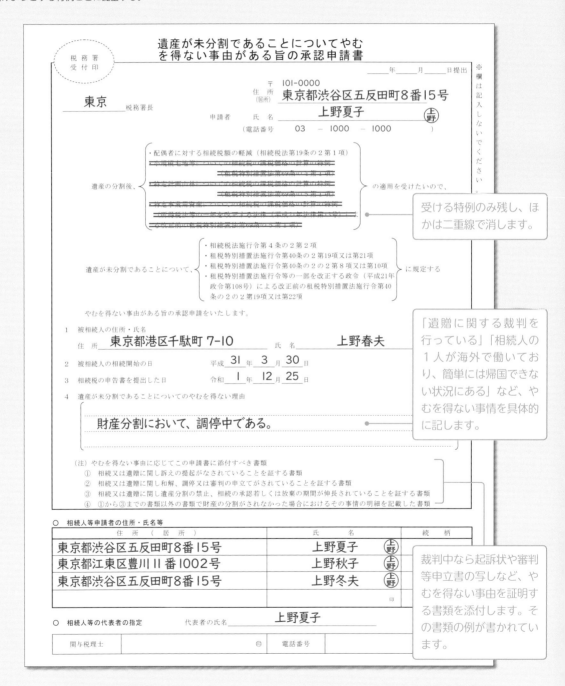

受ける特例のみ残し、ほかは二重線で消します。

「遺贈に関する裁判を行っている」「相続人の1人が海外で働いており、簡単には帰国できない状況にある」など、やむを得ない事情を具体的に記します。

裁判中なら起訴状や審判等申立書の写しなど、やむを得ない事由を証明する書類を添付します。その書類の例が書かれています。

一括納付できないときは…①
相続税の延納申請をする

▶ 手元にまとまった現金がなく、相続税の納付が困難なときは、年払いの分割にすることができることもあります。

相続税を年払いの分割にできる延納

「延納」とは、相続税を一括で現金納付ができない場合に、年払いの分割で相続税を納めることができる制度です。相続人の住所地の税務署に「相続税延納申請書」を提出して手続きをします。延納は、下記の要件を満たしていれば、認められます。

延納が認められる要件

- 相続税が10万円を超えていること
- 現金で納付することが困難な金額の範囲内であること
- 延納する税額および利子税の額に相当する担保を提供すること（ただし延納税額が100万円未満で、延納期間が3年以下であれば必要なし）
- 納税期限内に「延納申請書」を提出すること

ただし、延納中には利子税が発生します。利子税は高いので、期限前に繰り上げ返済をすることもできます。

相続税延納申請書

届け出人	延納しようとする相続人
届け出先	税務署
期限	10カ月以内
必要書類	□担保提供関係書類（不動産を担保とする場合は、抵当権設定登記承諾書など）

書き方 ▶ p.188

延納の担保として認められているもの

- 国債、地方債、社債などの有価証券
- 土地、保険がついた建物
- 立ち木、車、船舶など

相続税の延納期間と利子税

相続税の対応区分		延納期間（最高）	利子税（年割合）
不動産等の割合が75%以上	不動産などに対応する税額	20年	3.6%
	動産などに対応する税額	10年	5.4%
不動産等の割合が50%以上75%未満	不動産などに対応する税額	15年	3.6%
	動産などに対応する税額	10年	5.4%
不動産等の割合が50%未満	立ち木に対応する税額	5年	4.8%
	立ち木以外の一般財産に対応する税額	5年	6.0%

相続税延納申請書（記入例）

相続税延納申請書

税務署
収受印

東京 税務署長殿

令和00年00月00日

（〒101-0000）

住 所　東京都渋谷区五反田町8番15号

フリガナ　ウエノ ハルコ
氏 名　上野春子　　㊞ 上野

法人番号

職 業　無職　　　電 話　03-1111-1111

下記のとおり相続税の延納を申請します。

記

> 物納する必要がなければ、ゼロと記入します。

1 延納申請税額

		円
①	納付すべき相続税額	10,000,000
②	①のうち物納申請税額	3,000,000
③	①のうち納税猶予をする税額	
④	差 引（①－②－③）	7,000,000
⑤	④のうち現金で納付する税額	
⑥	延納申請税額（④－⑤）	7,000,000

> 現金で納付できる分があれば、記入します。

2 金銭で納付することを困難とする理由

別紙「金銭納付を困難とする理由書」のとおり。

3 不動産等の割合

区 分		課税相続財産の価額 ③で物納がある場合には農業投資価格等によります。	割 合	
割合の判定	⑦ 立木の価額	100,000,000	⑩ (⑦／⑨)（端数処理不要）	0.
	⑧ 不動産等（⑦を含む。）の価額	120,000,000	⑪ (⑧／⑨)（端数処理不要）	0. 8333
	⑨ 全体の課税相続財産/価額			
割合の計算	⑫ 立木の価額（千円未満の端数切捨て）	,000	⑮（小数点第2位未満切り上げ）(⑫／⑭)	0.
	⑬ 不動産等（⑦を含む。）の価額（千円未満の端数切捨て）	100,000 ,000	⑯（小数点第2位未満切り上げ）(⑬／⑭)	0. 8333
	⑭ 全体の課税相続財産/価額（千円未満の端数切捨て）	120,000 ,000		

4 延納申請税額の内訳

			5 延納申請年数		6 利子税の割合
不動産等の割合（⑪）が75%以上の場合	不動産等に係る延納相続税額	⑰ (100円未満端数切り上げ) ④×⑯と⑥とのいずれか少ない方の金額　583,310,000	（最高）20年以内	20	3.6
	動産等に係る延納相続税額（⑥－⑰）	⑱　1,166,900	（最高）10年以内	10	5.4
不動産等の割合（⑪）が50%以上75%未満の場合	不動産等に係る延納相続税額	⑲ (100円未満端数切り上げ) ④×⑯と⑥とのいずれか少ない方の金額　0 0	（最高）15年以内		3.6
	動産等に係る延納相続税額（⑥－⑲）	⑳	（最高）10年以内		5.4
不動産等の割合（⑪）が50%未満の場合	立木に係る延納相続税額	㉑ (100円未満端数切り上げ) ④×⑮と⑥とのいずれか少ない方の金額　0 0	（最高）5年以内		4.8
	その他の財産に係る延納相続税額（⑥－㉑）	㉒	（最高）5年以内		6.0

作成税理士署名押印
事務所所在地
電話番号
㊞

7 不動産等の財産の明細　　別紙不動産等の財産の明細書のとおり

8 担 保　　別紙目録のとおり

税務署整理欄	郵送等年月日	担当者印
	令和　年　月　日	

一括納付できないときは…②
相続税の物納申請をする

死亡手続き 直後

死亡手続き 年金・健康保険

死亡手続き 必要に応じた手続き

遺産・相続 基礎

遺産・相続 遺言・分割

遺産・相続 名義変更

遺産・相続 申告・納付

これが重要!
▶ 延納でも納税が困難なときは「物納」という方法があります。
▶ 物納できる財産とできない財産があります。

延納が不可能なら物納の申請を行う

　延納によっても、現金で相続税を支払うことが難しければ、不動産や株式、国債などを代わりに納める「物納」が認められています。物納は、以下の要件を満たしていれば、許可を受けることができます。物納できる財産には優先順位があり、また、物納できない財産もあります。

相続税物納申請書

届け出人	物納しようとする相続人
届け出先	税務署
期限	10カ月以内
必要書類	□物納する財産の目録（物納する財産によって異なる）

書き方▶ p.190

物納が認められる要件

● 延納でも相続税を現金で納入することが困難な事情があること
● 物納しようとする財産が、相続で取得したものであること
● 物納しようとする財産が、日本国内にあること
● 納税期間内に、「物納申請書」を提出すること

物納できる財産

相続で獲得した日本国内にある財産のうち、以下の優先順位で物納できます。
第1順位：国債、地方債
第2順位：不動産、船舶
第3順位：社債、株式、証券投資信託または貸付信託の受益証券
第4順位：動産

物納できない財産

● 所有権の帰属などで係争中の財産
● 抵当権の付いている財産
● 共有財産
● 譲渡制限のある株式

こんなときは

相続人の1人が相続税を納められないときは？

　「連帯納付」といい、ほかの相続人が、その分を納付しなければなりません。ある相続人が、延納・物納申請が却下されたような場合も同様で、ほかの相続人が代わりに納付します。

相続税物納申請書（記入例）

そうぞくぜいぶつのうしんせいしょ

被相続人の住所地の税務署宛てに届け出ます。

相 続 税 物 納 申 請 書

税務署
収受印

東京 税務署長殿
令和 00年 00月 00日

（〒 101 － 0000）

住 所 **東京都港区千駄町7番10号**

フリガナ ヤマダ ハナコ

氏 名 **山田花子** ㊞

法人番号												

職 業 **無職** 電 話 **03-1111-1111**

下記のとおり相続税の物納を申請します。

記

1 物納申請税額

		円
① 相 続 税 額		10,000,000
同上のうち	②現金で納付する税額	0
	③延納を求めようとする税額	7,000,000
	④納税猶予を受ける税額	
	⑤物納を求めようとする税額 （①－（②＋③＋④））	7,000,000

2 延納によっても金銭で納付することを困難とする理由

（物納ができるのは、延納によっても金銭で納付することが困難な範囲に限ります。）

別紙「金銭納付を困難とする理由書」のとおり。

作成税理士署名押印（事務所所在地電話番号）

3 物納に充てようとする財産

別紙目録のとおり。

4 物納財産の順位によらない場合等の事由

別紙「物納劣後財産等を物納に充てる理由書」のとおり。

※ 該当がない場合は、二重線で抹消してください。

5 その他参考事項

被相続人、および遺贈者について記入します。

㊞

右の欄の該当の箇所を○で囲み住所氏名及び年月日を記入してください。	被相続人、遺贈者	（住所）				
		（氏名）				
	相続開始 遺贈年月日		令和	年	月	日
	申告（期限内、期限後、修正）、更正、決定年月日		令和	年	月	日
	納 期 限		令和	年	月	日
納税地の指定を受けた場合のその指定された納税地						
物納申請の却下に係る再申請である場合は、当該却下に係る「相続税物納却下通知書」の日付及び番号			令和	第 年	号 月	日

税務署 整理欄	郵送等年月日	担当者印
	令和 年 月 日	

190

手続きに困ったら各分野の専門家に相談する

相続という事態は、一般の人にとっては通常のことではありません。このため、相続という事態に直面したときは、とても慌ててしまうのが普通です。

遺産分割 協 議書の作成や、相続税の申告など、相続のさまざまな手続きには、面倒な作業が多いうえに、書類に不備があった場合は、二度手間、三度手間になることもあります。葬儀などでただでさえ慌ただしいときでも、相続の手続きの時間は待ってはくれません。手数料はかかりますが、弁護士、税理士、

司法書士などの専門家の力を借りると、スムーズに進み、間違いがありません。

ただし、不動産の名義変更は司法書士、相続税の申告は税理士など、各専門家の分野はバラバラです。その都度、分野別の専門家に依頼するのは手間も費用もかかります。まずは、相続の手続き全般に明るい税理士に依頼して各専門家の取りまとめをしてもらうか、相続コーディネーター（相続に関する手続きのアドバイスや、専門家の取りまとめをする）に依頼することも考えましょう。

相続の専門家と相談・依頼内容

専門家	相談・依頼内容
弁護士	●遺言書作成アドバイス ●公正証書遺言などの証人 ●遺言執行者 ●遺産分割協議書の作成 ●相続に関してのトラブルの解決やアドバイス　など
司法書士	●遺言書の作成 ●遺言執行者 ●家庭裁判所への申立て書類の作成や申立て ●遺産分割協議書の作成 ●相続後の遺産の名義変更　など
税理士	●相続税・贈与税などの相談 ●遺言執行者 ●相続税発生の有無の判断、財産の評価 ●相続税の申告書の作成と提出　など
土地家屋調査士	●登記のための土地や建物の調査・測量 ●登記申請の代行業
社会保険労務士	●年金相談
公証人	●公正証書遺言の作成の手助けや作成、保管 ●秘密証書遺言作成の手助けや公証

死亡手続き 直後

死亡手続き 年金・健康保険

死亡手続き 必要に応じた手続き

遺産・相続 基礎

遺産・相続 遺言・分割

遺産・相続 名義変更

遺産・相続 申告・納付

監修者

税理士 小関勝紀（こせきかつのり）

昭和 23 年生まれ。北海道様似町出身。昭和 45 年、東京経済大学卒業。昭和 58 年、帝京大学法学研究科修士課程修了。昭和 62 年、小関勝紀税理士事務所を開設。平成元年、株式会社インター ティ・エス・オー設立。現在、東京税理士会上野支部の顧問相談役、株式会社ファンケルの社外取締役も務める。大手企業、医療法人、協同組合、宗教法人、中小企業、個人自業主、スポーツ選手、芸能人など、多数の顧問先を抱え、会計・税務・登記等の業務で幅広く活躍中。

http://www.inter-tso.com/

監修協力

司法書士	安藤雅幸
社会保険労務士	若田充子

スタッフ

カバーデザイン	エッジ・デザインオフィス
本文デザイン	DESIGN CAMP（武田 康裕）
	エッジ・デザインオフィス
イラスト	ササキサキコ
執筆協力	加茂直美
編集	株式会社スリーシーズン

新装版
身近な人の葬儀と葬儀後の手続き・届け出のすべて

2023年 3 月28日　第1刷発行

監修者	小関 勝紀
発行人	土屋 徹
編集人	滝口 勝弘
企画編集	亀尾 滋
発行所	株式会社Gakken
	〒 141-8416
	東京都品川区西五反田2 -11- 8
DTP	株式会社グレン
印刷所	大日本印刷株式会社

※本書は、弊社既刊『最新版 身近な人の葬儀と葬儀後の手続き・届け出のすべて』の情報を更新し、改訂新装版としてまとめたものです。

●この本に関する各種お問い合わせ先
本の内容については、下記サイトのお問い合わせフォームよりお願いします。
https://www.corp-gakken.co.jp/contact/
在庫については　Tel 03-6431-1250（販売部）
不良品（落丁、乱丁）については　Tel 0570-000577
学研業務センター　〒 354-0045 埼玉県入間郡三芳町上富 279-1
上記以外のお問い合わせは　Tel 0570-056-710（学研グループ総合案内）

©Gakken